POESÍA

227

RESIDENCIA EN LA TIERRA

Pablo Neruda

Prólogo de Raúl Zurita

LUMEN

Papel certificado por el Forest Stewardship Council®

MIXTO
Papel procedente de
fuentes responsables
FSC® C117695

Penguin
Random House
Grupo Editorial

Primera edición: febrero de 2023

© Pablo Neruda (1933) y Fundación Pablo Neruda
Publicado por acuerdo con Agencia Literaria Carmen Balcells, S. A.
© Raúl Zurita, por el prólogo
© 2019, Penguin Random House Grupo Editorial, S. A.
Av. Andrés Bello 2299, of. 801, Providencia, Santiago de Chile
© 2023, Penguin Random House Grupo Editorial, S. A. U.
Travessera de Gràcia, 47-49. 08021 Barcelona

Printed in Spain – Impreso en España

ISBN: 978-84-264-0456-5
Depósito legal: B-22.395-2022

Impreso en Liberdúplex,
Sant Llorenç d'Hortons (Barcelona)

H 4 0 4 5 6 5

PRÓLOGO

SON IMÁGENES, ALAS, SOLEDADES
Neruda: el último cabo de las palabras

> Entre plumas que asustan, entre noches,
> entre magnolias, entre telegramas,
> entre el viento del Sur y el Oeste marino,
> vienes volando.
>
> (Alberto Rojas Giménez viene volando)

Es uno de los más prodigiosos poemas jamás escritos y el solo hecho de que él y el libro que lo contiene existan es un milagro. Más atrás, está la alucinante visión de un comienzo:

> Como cenizas, como mares poblándose,
> en la sumergida lentitud, en lo informe,
> o como se oyen desde el alto de los caminos
> cruzar las campanadas en cruz...

Es el inicio de «Galope muerto», el primer poema de *Residencia en la tierra*, y el efecto es inmediato: alcanzamos a vislumbrar las trazas de un nuevo génesis: el tono, la textura de la imagen, su blancor, su inmensidad, y nuestra experiencia es nuevamente la de estar frente a un monumento imposible: nada de *Residencia en la tierra* estaba predicho. A diferencia de Borges, por ejemplo, cuya obra, superlativa sin duda, está de una u otra forma contenida dentro del horizonte especulativo de un mundo que ha creado la teoría de la relatividad y las geometrías multidimensionales, por lo que no es inverosímil deducir, borgeanamente, que si este no hubiese escrito «Las ruinas circulares» o «El Aleph», alguien, otro Borges, lo habría hecho; nada, absolutamente nada había en una cultura ni en una historia ni en una lengua que hiciese presagiar que ese conjunto de poemas que van desde «Galope muerto» hasta «Josie Bliss», que cierra el segundo volumen de *Residencia*, pudiera ser escrito, pero fue escrito. Es decir, fue escrita la letanía inmortal de Alberto Rojas, fue escrito como un naufragio hacia adentro nos morimos, de «Solo la muerte», fue escrita el agua de origen y cenizas de «Walking around». Fue escrita la luminosidad instantánea de un nuevo nacimiento junto a la oscuridad informe e incancelable de una nueva muerte.

Como se sabe, los poemas de las dos Residencias fueron compuestos entre 1925 y 1935, y fundamentalmente mientras Neruda se desempeñaba como cónsul en el oriente, en Rangoon primero, luego en Colombo y en Batavia, la actual Yakarta, período que todos sus estudiosos coinciden en señalar como clave para su obra y su vida. La afirmación es indiscutible y al mismo tiempo vacía; las circunstancias biográficas informan de un punto blanco de la escritura, pero no dan cuenta de su sombra, esa rectificación central de los datos que ejecuta el arte sobre la vida y que es exactamente lo que llamamos Rimbaud, Whitman, Borges, Neruda. Pero incluso más allá de ello, hay algo que sucede específicamente con la poesía, algo que no ha sido aún formulado y que la hace profundamente refractaria al vicio de las interpretaciones. Paralelos al mundo, los grandes poemas representan el último límite del lenguaje, no hay nada más allá, y por ende son en sí la interpretación final, el último cabo de las palabras.

No hay otro diálogo con la poesía que no sea el de la emoción y la inferencia (pero esa emoción y esa inferencia han levantado naciones, han creado pueblos, han anunciado los interminables Apocalipsis). Podemos imaginar entonces los paisajes y los escenarios de las Residencias; esas cenizas, esos mares poblándose y frente a ellos a un ser aún sin nombre que en un instante, al ver las rompientes barrer una y otra vez la playa desierta, comprende de golpe que ellas continuarán estando allí, levantándose y cayendo interminablemente, pero que hay un amanecer en que él ya no las verá y hace el más trascendental de los descubrimientos, aquel que está inserto en cada partícula de lo que somos (en estos dedos que teclean dificultosamente, en las canciones que pongo en la madrugada para evitar la angustia, en mi escepticismo, en tu sed María): descubre la muerte, e inmediatamente después descubre el lenguaje, que es, antes que nada, el conjuro que los seres humanos lanzan frente al hecho absoluto, incomprensible, aterrorizante, de que debemos morir. El primero de esos conjuros es lo que llamamos el poema.

Es el hecho poético central y la aparente extrañeza de la geografía nerudiana, sus catres que flotan, sus tiendas de ortopedias, son los conjuros que el lenguaje le arroja a la muerte para posponerla y en ese enfrentamiento radical, irrecusable, se movilizan todas las esferas de la existencia. Somos hijos de esa confrontación, somos hijos de la muerte y del poema. Tendidos entonces entre la muerte y la vida, los poemas de las Residencias nos hacen ver que en esa lucha titánica, devastadora, inacabable que libran entre ellos esos dos hermanos gemelos, el lenguaje y la muerte, la historia de la poesía es la historia eternamente derrotada y eternamente renovada de los conjuros con que el lenguaje trata de posponer el deber de morir.

Los poemas de *Residencia en la tierra*, en su pasmosa particularidad, en su registro único, en su fidelidad a los sonidos que efectivamente Neruda escuchaba, se funden con las palabras de nuestra vida, dándole a la lengua que hablamos, a aquella lengua para nosotros datada, la posibilidad simbólica de un nuevo inicio. De una nueva alternancia donde los seres y sombras que hablan en estos poemas, en sus jergas de muertos, en sus campanas sin sonido, en sus océanos de origen y cenizas, son a su vez los miles y millones de fragmentos de experiencias, de fracasos, de erotizaciones, de mujeres orinando y de funcionarios menores que transitan por las calles de Rangoon y otros que deambulan entre sastrerías y ropas tendidas, herméticos como un cisne de fieltro, los que sumándose uno a uno van conformando la humanidad que habita en las Residencias. No es una voz, es ese compendio gelatinoso, casi infinito, de sangre, nervios, cultura, sueños, recuerdos, inesperados heroísmos, defecaciones y esperanzas que desaguan en el lenguaje, lo que comparece en esta síntesis que señala a la vez los límites infranqueables de un vacío. Neruda es Neruda porque es la humanidad entera, la humanidad entera es la humanidad entera porque es un vacío, Neruda es la humanidad entera porque es el vacío que la muerte va dejando en las palabras:

Pero la muerte va también por el mundo vestida de escoba,
lame el suelo buscando difuntos,
la muerte está en la escoba,
es la lengua de la muerte buscando muertos,
es la aguja de la muerte buscando hilo.

Instalado en el corazón de la lengua solo Pablo Neruda, vale decir, solo esa cifra, ese tiempo que llamamos hoy Pablo Neruda, pudo escribir *Residencia en la tierra*, pero pudo hacerlo porque sus lectores son seres heridos, sangrantes, que van siguiendo en las líneas de estos poemas las estaciones de su sangre y de su muerte. Residimos en la tierra, vale decir, residimos en la verdad desnuda de esta escritura, no en su retórica, sino en ese laconismo esencial que tiene lo irremediable: somos seres muertos prestados por un segundo a la vida, vivimos, morimos, y es esa condición extrema y paradojal lo que nos reiteran una y otra vez las obras cumbres: la *Comedia* de Dante, el *Quijote*, Shakespeare, Dostoievski, Whitman, Rimbaud, los *Cantares* de Pound, la *Residencia en la tierra*, el *Canto general* de Neruda. En otras palabras, lo que estas obras nos muestran es que no somos habitados solo por nuestros sueños, tal como no somos castigados solo por nuestros crímenes.

Detrás de «Solo la muerte» no hay nada más que la muerte. Condenados a no olvidar (la destrucción de Troya no sucedió, está sucediendo y Homero no es sino la ondulación de su devenir), hurgamos en ese pasado sin tiempo donde la inmensa fantasmagoría que sobrevuela Alberto Rojas Giménez, esos «mares sin nadie», esos «solo entre muertos», esos «para siempre solo», vienen volando sin sombra y sin nombre, sin azúcar, sin boca, sin rosales. Más aún, es como si esos entes abstractos, muertos, transformados en conceptos en ese presente perpetuo que constituye la poesía, hicieran que ella sea la última interpretación, mostrándonos de paso que lo humano (insisto en llamar así a ese mar, a ese desborde) no solo no es el dueño de la lengua que habla, sino que, al contrario, está apresado en una invención de las palabras. En un mundo que ha multiplicado al infinito el presente de Troya, y que tiene al planeta al borde del colapso, lo real, lo pavorosamente real es el vacío que dejan las palabras una vez pronunciadas, el manchón negro que dejan las palabras una vez escritas, el ruido infernal de los bombardeos, de las masacres, de los millones de emigrantes muriéndose en las fronteras que dejan las palabras una vez escuchadas...

Entendemos entonces que la poesía no es el confesionario del yo, es el confesionario de los otros.

Alberto Rojas Giménez viene volando. Son imágenes, alas, soledades...

> Allí está el mar. Bajo de noche y te oigo
> venir volando bajo el mar sin nadie,
> bajo el mar que me habita, oscurecido:
> vienes volando.

> Oigo tus alas y tu lento vuelo,
> y el agua de los muertos me golpea
> como palomas ciegas y mojadas:
> vienes volando.

Vienes volando, solo, solitario,
solo entre muertos, para siempre solo,
vienes volando sin sombra y sin nombre,
sin azúcar, sin boca, sin rosales,
vienes volando.

Son imágenes. Es un tono, un timbre, un temblor. Anclado en un tiempo indiscernible, un ser aún sin nombre comprende que las estrellas que había visto hace un instante son la máxima refutación del tiempo y de la historia.

RAÚL ZURITA
Ospedale Maggiore
Milán, 16 de julio de 2019

RESIDENCIA EN LA TIERRA 1

1925-1931

I

GALOPE MUERTO

Como cenizas, como mares poblándose,
en la sumergida lentitud, en lo informe,
o como se oyen desde el alto de los caminos
cruzar las campanadas en cruz,
teniendo ese sonido ya aparte del metal,
confuso, pesando, haciéndose polvo
en el mismo molino de las formas demasiado lejos,
o recordadas o no vistas,
y el perfume de las ciruelas que rodando a tierra
se pudren en el tiempo, infinitamente verdes.

Aquello todo tan rápido, tan viviente,
inmóvil sin embargo, como la polea loca en sí misma,
esas ruedas de los motores, en fin.
Existiendo como las puntadas secas en las costuras del árbol,
callado, por alrededor, de tal modo,
mezclando todos los limbos sus colas.
Es que de dónde, por dónde, en qué orilla?
El rodeo constante, incierto, tan mudo,
como las lilas alrededor del convento,
o la llegada de la muerte a la lengua del buey
que cae a tumbos, guardabajo, y cuyos cuernos quieren sonar.

Por eso, en lo inmóvil, deteniéndose, percibir,
entonces, como aleteo inmenso, encima,
como abejas muertas o números,
ay, lo que mi corazón pálido no puede abarcar,
en multitudes, en lágrimas saliendo apenas,
y esfuerzos humanos, tormentas,
acciones negras descubiertas de repente
como hielos, desorden vasto,
oceánico, para mí que entro cantando
como con una espada entre indefensos.

Ahora bien, de qué está hecho ese surgir de palomas
que hay entre la noche y el tiempo, como una barranca húmeda?
Ese sonido ya tan largo
que cae listando de piedras los caminos,
más bien, cuando solo una hora
crece de improviso, extendiéndose sin tregua.

Adentro del anillo del verano
una vez los grandes zapallos escuchan,
estirando sus plantas conmovedoras,
de eso, de lo que solicitándose mucho,
de lo lleno, oscuros de pesadas gotas.

ALIANZA (SONATA)

De miradas polvorientas caídas al suelo
o de hojas sin sonido y sepultándose.
De metales sin luz, con el vacío,
con la ausencia del día muerto de golpe.
En lo alto de las manos el deslumbrar de mariposas,
el arrancar de mariposas cuya luz no tiene término.

Tú guardabas la estela de luz, de seres rotos
que el sol abandonado, atardeciendo, arroja a las iglesias.
Teñida con miradas, con objeto de abejas,
tu material de inesperada llama huyendo
precede y sigue al día y a su familia de oro.

Los días acechando cruzan en sigilo
pero caen adentro de tu voz de luz.
Oh dueña del amor, en tu descanso
fundé mi sueño, mi actitud callada.

Con tu cuerpo de número tímido, extendido de pronto
hasta las cantidades que definen la tierra,
detrás de la pelea de los días blancos de espacio
y fríos de muertes lentas y estímulos marchitos,
siento arder tu regazo y transitar tus besos
haciendo golondrinas frescas en mi sueño.

A veces el destino de tus lágrimas asciende
como la edad hasta mi frente, allí
están golpeando las olas, destruyéndose de muerte:
su movimiento es húmedo, decaído, final.

CABALLO DE LOS SUEÑOS

Innecesario, viéndome en los espejos,
con un gusto a semanas, a biógrafos, a papeles,
arranco de mi corazón al capitán del infierno,
establezco cláusulas indefinidamente tristes.

Vago de un punto a otro, absorbo ilusiones,
converso con los sastres en sus nidos:
ellos, a menudo, con voz fatal y fría,
cantan y hacen huir los maleficios.

Hay un país extenso en el cielo
con las supersticiosas alfombras del arco iris
y con vegetaciones vesperales:
hacia allí me dirijo, no sin cierta fatiga,
pisando una tierra removida de sepulcros un tanto frescos,
yo sueño entre esas plantas de legumbre confusa.

Paso entre documentos disfrutados, entre orígenes,
vestido como un ser original y abatido:
amo la miel gastada del respeto,
el dulce catecismo entre cuyas hojas
duermen violetas envejecidas, desvanecidas,
y las escobas, conmovedoras de auxilio,
en su apariencia hay, sin duda, pesadumbre y certeza.
Yo destruyo la rosa que silba y la ansiedad raptora:
yo rompo extremos queridos: y aún más,
aguardo el tiempo uniforme, sin medida:
un sabor que tengo en el alma me deprime.

Qué día ha sobrevenido! Qué espesa luz de leche,
compacta, digital, me favorece!
He oído relinchar su rojo caballo
desnudo, sin herraduras y radiante.
Atravieso con él sobre las iglesias,
galopo los cuarteles desiertos de soldados

y un ejército impuro me persigue.
Sus ojos de eucaliptus roban sombra,
su cuerpo de campana galopa y golpea.

Yo necesito un relámpago de fulgor persistente,
un deudo festival que asuma mis herencias.

DÉBIL DEL ALBA

El día de los desventurados, el día pálido se asoma
con un desgarrador olor frío, con sus fuerzas en gris,
sin cascabeles, goteando el alba por todas partes:
es un naufragio en el vacío, con un alrededor de llanto.

Porque se fue de tantos sitios la sombra húmeda, callada,
de tantas cavilaciones en vano, de tantos parajes terrestres
en donde debió ocupar hasta el designio de las raíces,
de tanta forma aguda que se defendía.

Yo lloro en medio de lo invadido, entre lo confuso,
entre el sabor creciente, poniendo el oído
en la pura circulación, en el aumento,
cediendo sin rumbo el paso a lo que arriba,
a lo que surge vestido de cadenas y claveles,
yo sueño, sobrellevando mis vestigios morales.

Nada hay de precipitado ni de alegre, ni de forma orgullosa,
todo aparece haciéndose con evidente pobreza,
la luz de la tierra sale de sus párpados
no como la campanada, sino más bien como las lágrimas:
el tejido del día, su lienzo débil,
sirve para una venda de enfermos, sirve para hacer señas
en una despedida, detrás de la ausencia:
es el color que solo quiere reemplazar,
cubrir, tragar, vencer, hacer distancias.

Estoy solo entre materias desvencijadas,
la lluvia cae sobre mí, y se me parece,
se me parece con su desvarío, solitaria en el mundo muerto,
rechazada al caer, y sin forma obstinada.

UNIDAD

Hay algo denso, unido, sentado en el fondo,
repitiendo su número, su señal idéntica.
Cómo se nota que las piedras han tocado el tiempo,
en su fina materia hay olor a edad,
y el agua que trae el mar, de sal y sueño.

Me rodea una misma cosa, un solo movimiento:
el peso del mineral, la luz de la piel,
se pegan al sonido de la palabra noche:
la tinta del trigo, del marfil, del llanto,
las cosas de cuero, de madera, de lana,
envejecidas, desteñidas, uniformes,
se unen en torno a mí como paredes.

Trabajo sordamente, girando sobre mí mismo,
como el cuervo sobre la muerte, el cuervo de luto.
Pienso, aislado en lo extenso de las estaciones,
central, rodeado de geografía silenciosa:
una temperatura parcial cae del cielo,
un extremo imperio de confusas unidades
se reúne rodeándome.

SABOR

De falsas astrologías, de costumbres un tanto lúgubres,
vertidas en lo inacabable y siempre llevadas al lado,
he conservado una tendencia, un sabor solitario.

De conversaciones gastadas como usadas maderas,
con humildad de sillas, con palabras ocupadas
en servir como esclavos de voluntad secundaria,
teniendo esa consistencia de la leche, de las semanas muertas,
del aire encadenado sobre las ciudades.

Quién puede jactarse de paciencia más sólida?
La cordura me envuelve de piel compacta
de un color reunido como una culebra:
mis criaturas nacen de un largo rechazo:
ay, con un solo alcohol puedo despedir este día
que he elegido, igual entre los días terrestres.

Vivo lleno de una sustancia de color común, silenciosa
como una vieja madre, una paciencia fija
como sombra de iglesia o reposo de huesos.
Voy lleno de esas aguas dispuestas profundamente,
preparadas, durmiéndose en una atención triste.

En mi interior de guitarra hay un aire viejo,
seco y sonoro, permanecido, inmóvil,
como una nutrición fiel, como humo:
un elemento en descanso, un aceite vivo:
un pájaro de rigor cuida mi cabeza:
un ángel invariable vive en mi espada.

AUSENCIA DE JOAQUÍN

Desde ahora, como una partida verificada lejos,
en funerales estaciones de humo o solitarios malecones,
desde ahora lo veo precipitándose en su muerte,
y detrás de él siento cerrarse los días del tiempo.

Desde ahora, bruscamente, siento que parte,
precipitándose en las aguas, en ciertas aguas, en cierto océano,
y luego, al golpe suyo, gotas se levantan, y un ruido,
un determinado, sordo ruido siento producirse,
un golpe de agua azotada por su peso,
y de alguna parte, de alguna parte siento que saltan y salpican
    estas aguas,
sobre mí salpican estas aguas, y viven como ácidos.

Su costumbre de sueños y desmedidas noches,
su alma desobediente, su preparada palidez,
duermen con él por último, y él duerme,
porque al mar de los muertos su pasión desplómase,
violentamente hundiéndose, fríamente asociándose.

MADRIGAL ESCRITO EN INVIERNO

En el fondo del mar profundo,
en la noche de largas listas,
como un caballo cruza corriendo
tu callado callado nombre.

Alójame en tu espalda, ay refúgiame,
aparéceme en tu espejo, de pronto,
sobre la hoja solitaria, nocturna,
brotando de lo oscuro, detrás de ti.

Flor de la dulce luz completa,
acúdeme tu boca de besos,
violenta de separaciones,
determinada y fina boca.

Ahora bien, en lo largo y largo
de olvido a olvido residen conmigo
los rieles, el grito de la lluvia:
lo que la oscura noche preserva.

Acógeme en la tarde de hilo
cuando el anochecer trabaja
su vestuario, y palpita en el cielo
una estrella llena de viento.

Acércame tu ausencia hasta el fondo,
pesadamente, tapándote los ojos,
crúzame tu existencia, suponiendo
que mi corazón está destruido.

FANTASMA

Cómo surges de antaño, llegando,
encandilada, pálida estudiante,
a cuya voz aún piden consuelo
los meses dilatados y fijos.

Sus ojos luchaban como remeros
en el infinito muerto
con esperanza de sueño y materia
de seres saliendo del mar.

De la lejanía en donde
el olor de la tierra es otro
y lo vespertino llega llorando
en forma de oscuras amapolas.

En la altura de los días inmóviles
el insensible joven diurno
en tu rayo de luz se dormía
afirmado como en una espada.

Mientras tanto crece a la sombra
del largo transcurso en olvido
la flor de la soledad, húmeda, extensa,
como la tierra en un largo invierno.

LAMENTO LENTO

En la noche del corazón
la gota de tu nombre lento
en silencio circula y cae
y rompe y desarrolla su agua.

Algo quiere su leve daño
y su estima infinita y corta,
como el paso de un ser perdido
de pronto oído.

De pronto, de pronto escuchado
y repartido en el corazón
con triste insistencia y aumento
como un sueño frío de otoño.

La espesa rueda de la tierra
su llanta húmeda de olvido
hace rodar, cortando el tiempo
en mitades inaccesibles.

Sus copas duras cubren tu alma
derramada en la tierra fría
con sus pobres chispas azules
volando en la voz de la lluvia.

COLECCIÓN NOCTURNA

He vencido al ángel del sueño, el funesto alegórico:
su gestión insistía, su denso paso llega
envuelto en caracoles y cigarras,
marino, perfumado de frutos agudos.

Es el viento que agita los meses, el silbido de un tren,
el paso de la temperatura sobre el lecho,
un opaco sonido de sombra
que cae como trapo en lo interminable,
una repetición de distancias, un vino de color confundido,
un paso polvoriento de vacas bramando.

A veces su canasto negro cae en mi pecho,
sus sacos de dominio hieren mi hombro.
su multitud de sal, su ejército entreabierto
recorren y revuelven las cosas del cielo:
él galopa en la respiración y su paso es de beso:
su salitre seguro planta en los párpados
con vigor esencial y solemne propósito:
entra en lo preparado como un dueño:
su substancia sin ruido equipa de pronto,
su alimento profético propaga tenazmente.

Reconozco a menudo sus guerreros,
sus piezas corroídas por el aire, sus dimensiones,
y su necesidad de espacio es tan violenta
que baja hasta mi corazón a buscarlo:
él es el propietario de las mesetas inaccesibles,
él baila con personajes trágicos y cotidianos:
de noche rompe mi piel su ácido aéreo
y escucho en mi interior temblar su instrumento.

Yo oigo el sueño de viejos compañeros y mujeres amadas,
sueños cuyos latidos me quebrantan:
su material de alfombra piso en silencio,
su luz de amapola muerdo con delirio.

Cadáveres dormidos que a menudo
danzan asidos al peso de mi corazón,
qué ciudades opacas recorremos!
Mi pardo corcel de sombra se agiganta,
y sobre envejecidos tahúres, sobre lenocinios de escaleras gastadas,
sobre lechos de niñas desnudas, entre jugadores de *football*,
del viento ceñidos pasamos:
y entonces caen a nuestra boca esos frutos blandos del cielo,
los pájaros, las campanas conventuales, los cometas:
aquel que se nutrió de geografía pura y estremecimiento,
ese tal vez nos vio pasar centelleando.

Camaradas cuyas cabezas reposan sobre barriles,
en un desmantelado buque prófugo, lejos,
amigos míos sin lágrimas, mujeres de rostro cruel:
la medianoche ha llegado, y un gong de muerte
golpea en torno mío como el mar.
Hay en la boca el sabor, la sal del dormido.
Fiel como una condena a cada cuerpo
la palidez del distrito letárgico acude:
una sonrisa fría, sumergida,
unos ojos cubiertos como fatigados boxeadores,
una respiración que sordamente devora fantasmas.

En esa humedad de nacimiento, con esa proporción tenebrosa,
cerrada como una bodega, el aire es criminal:
las paredes tienen un triste color de cocodrilo,
una contextura de araña siniestra:
se pisa en lo blando como sobre un monstruo muerto:
las uvas negras inmensas, repletas,
cuelgan de entre las ruinas como odres:
oh Capitán, en nuestra hora de reparto
abre los mudos cerrojos y espérame:
allí debemos cenar vestidos de luto:
el enfermo de malaria guardará las puertas.

Mi corazón, es tarde y sin orillas,
el día como un pobre mantel puesto a secar

oscila rodeado de seres y extensión:
de cada ser viviente hay algo en la atmósfera:
mirando mucho el aire aparecerían mendigos,
abogados, bandidos, carteros, costureras,
y un poco de cada oficio, un resto humillado
quiere trabajar su parte en nuestro interior.
Yo busco desde antaño, yo examino sin arrogancia,
conquistado, sin duda, por lo vespertino.

JUNTOS NOSOTROS

Qué pura eres de sol o de noche caída,
qué triunfal desmedida tu órbita de blanco,
y tu pecho de pan, alto de clima,
tu corona de árboles negros, bienamada,
y tu nariz de animal solitario, de oveja salvaje
que huele a sombra y a precipitada fuga tiránica.

Ahora, qué armas espléndidas mis manos,
digna su pala de hueso y su lirio de uñas,
y el puesto de mi rostro, y el arriendo de mi alma
están situados en lo justo de la fuerza terrestre.

Qué pura mi mirada de nocturna influencia,
caída de ojos oscuros y feroz acicate,
mi simétrica estatua de piernas gemelas
sube hacia estrellas húmedas cada mañana,
y mi boca de exilio muerde la carne y la uva,
mis brazos de varón, mi pecho tatuado
en que penetra el vello como ala de estaño,
mi cara blanca hecha para la profundidad del sol,
mi pelo hecho de ritos, de minerales negros,
mi frente penetrante como golpe o camino,
mi piel de hijo maduro, destinado al arado,
mis ojos de sal ávida, de matrimonio rápido,
mi lengua amiga blanda del dique y del buque,
mis dientes de horario blanco, de equidad sistemática,
la piel que hace a mi frente un vacío de hielos
y en mi espalda se torna, y vuela en mis párpados,
y se repliega sobre mi más profundo estímulo,
y crece hacia las rosas en mis dedos,
en mi mentón de hueso y en mis pies de riqueza.

Y tú como un mes de estrella, como un beso fijo,
como estructura de ala, o comienzos de otoño,
niña, mi partidaria, mi amorosa,

la luz hace su lecho bajo tus grandes párpados
dorados como bueyes, y la paloma redonda
hace sus nidos blancos frecuentemente en ti.

Hecha de ola en lingotes y tenazas blancas,
tu salud de manzana furiosa se estira sin límite,
el tonel temblador en que escucha tu estómago,
tus manos hijas de la harina y del cielo.

Qué parecida eres al más largo beso,
su sacudida fija parece nutrirte,
y su empuje de brasa, de bandera revuelta,
va latiendo en tus dominios y subiendo temblando
y entonces tu cabeza se adelgaza en cabellos,
y su forma guerrera, su círculo seco,
se desploma de súbito en hilos lineales
como filos de espadas o herencias del humo.

TIRANÍA

Oh dama sin corazón, hija del cielo,
auxíliame en esta solitaria hora,
con tu directa indiferencia de arma
y tu frío sentido del olvido.

Un tiempo total como un océano,
una herida confusa como un nuevo ser,
abarcan la tenaz raíz de mi alma
mordiendo el centro de mi seguridad.

Qué espeso latido se cimbra en mi corazón
como una ola hecha de todas las olas,
y mi desesperada cabeza se levanta
en un esfuerzo de salto y de muerte.

Hay algo enemigo temblando en mi certidumbre,
creciendo en el mismo origen de las lágrimas,
como una planta desgarradora y dura
hecha de encadenadas hojas amargas.

SERENATA

En tu frente descansa el color de las amapolas,
el luto de las viudas halla eco, oh apiadada:
cuando corres detrás de los ferrocarriles, en los campos,
el delgado labrador te da la espalda,
de tus pisadas brotan temblando los dulces sapos.

El joven sin recuerdos te saluda, te pregunta por su olvidada
    voluntad,
las manos de él se mueven en tu atmósfera como pájaros,
y la humedad es grande a su alrededor:
cruzando sus pensamientos incompletos,
queriendo alcanzar algo, oh buscándote,
le palpitan los ojos pálidos en tu red
como instrumentos perdidos que brillan de súbito.

O recuerdo el día primero de la sed,
la sombra apretada contra los jazmines,
el cuerpo profundo en que te recogías
como una gota temblando también.

Pero acallas los grandes árboles, y encima de la luna, sobrelejos,
vigilas el mar como un ladrón.
Oh noche, mi alma sobrecogida te pregunta
desesperadamente a ti por el metal que necesita.

DIURNO DOLIENTE

De pasión sobrante y sueños de ceniza
un pálido palio llevo, un cortejo evidente,
un viento de metal que vive solo,
un sirviente mortal vestido de hambre,
y en lo fresco que baja del árbol, en la esencia del sol
que su salud de astro implanta en las flores,
cuando a mi piel parecida al oro llega el placer,
tú, fantasma coral con pies de tigre,
tú, ocasión funeral, reunión ígnea,
acechando la patria en que sobrevivo
con tus lanzas lunares que tiemblan un poco.

Porque la ventana que el mediodía vacío atraviesa
tiene un día cualquiera mayor aire en sus alas,
el frenesí hincha el traje y el sueño al sombrero,
una abeja extremada arde sin tregua.
Ahora, qué imprevisto paso hace crujir los caminos?
Qué vapor de estación lúgubre, qué rostro de cristal,
y aún más, qué sonido de carro viejo con espigas?
Ay, una a una, la ola que llora y la sal que se triza,
y el tiempo del amor celestial que pasa volando,
han tenido voz de huéspedes y espacio en la espera.

De distancias llevadas a cabo, de resentimientos infieles,
de hereditarias esperanzas mezcladas con sombra,
de asistencias desgarradoramente dulces
y días de transparente veta y estatua floral,
qué subsiste en mi término escaso, en mi débil producto?
De mi lecho amarillo y de mi substancia estrellada,
quién no es vecino y ausente a la vez?
Un esfuerzo que salta, una flecha de trigo
tengo, y un arco en mi pecho manifiestamente espera,
y un latido delgado, de agua y tenacidad,
como algo que se quiebra perpetuamente,
atraviesa hasta el fondo mis separaciones,
apaga mi poder y propaga mi duelo.

MONZÓN DE MAYO

El viento de la estación, el viento verde,
cargado de espacio y agua, entendido en desdichas,
arrolla su bandera de lúgubre cuero,
y de una desvanecida substancia, como dinero de limosna,
así, plateado, frío, se ha cobijado un día,
frágil como la espada de cristal de un gigante
entre tantas fuerzas que amparan su suspiro que teme,
su lágrima al caer, su arena inútil,
rodeado de poderes que cruzan y crujen,
como un hombre desnudo en una batalla,
levantando su ramo blanco, su certidumbre incierta,
su gota de sal trémula entre lo invadido.

Qué reposo emprender, qué pobre esperanza amar,
con tan débil llama y tan fugitivo fuego?
Contra qué levantar el hacha hambrienta?
De qué materia desposeer, huir de qué rayo?
Su luz apenas hecha de longitud y temblor
arrastra como cola de traje de novia triste
aderezada de sueño mortal y palidez.
Porque todo aquello que la sombra tocó y ambicionó el desorden,
gravita, líquido, suspendido, desprovisto de paz,
indefenso entre espacios, vencido de muerte.

Ay, y es el destino de un día que fue esperado,
hacia el que corrían cartas, embarcaciones, negocios,
morir, sedentario y húmedo, sin su propio cielo.
Dónde está su toldo de olor, su profundo follaje,
su rápido celaje de brasa, su respiración viva?
Inmóvil, vestido de un fulgor moribundo y una escama opaca,
verá partir la lluvia sus mitades
y al viento nutrido de aguas atacarlas.

ARTE POÉTICA

Entre sombra y espacio, entre guarniciones y doncellas,
dotado de corazón singular y sueños funestos,
precipitadamente pálido, marchito en la frente,
y con luto de viudo furioso por cada día de vida,
ay, para cada agua invisible que bebo soñolientamente,
y de todo sonido que acojo temblando,
tengo la misma sed ausente y la misma fiebre fría,
un oído que nace, una angustia indirecta,
como si llegaran ladrones o fantasmas,
y en una cáscara de extensión fija y profunda,
como un camarero humillado, como una campana un poco ronca,
como un espejo viejo, como un olor de casa sola
en la que los huéspedes entran de noche perdidamente ebrios,
y hay un olor de ropa tirada al suelo, y una ausencia de flores,
posiblemente de otro modo aún menos melancólico,
pero, la verdad, de pronto, el viento que azota mi pecho,
las noches de substancia infinita caídas en mi dormitorio,
el ruido de un día que arde con sacrificio,
me piden lo profético que hay en mí, con melancolía,
y un golpe de objetos que llaman sin ser respondidos
hay, y un movimiento sin tregua, y un nombre confuso.

SISTEMA SOMBRÍO

De cada uno de estos días negros como viejos hierros,
y abiertos por el sol como grandes bueyes rojos,
y apenas sostenidos por el aire y por los sueños,
y desaparecidos irremediablemente y de pronto,
nada ha substituido mis perturbados orígenes,
y las desiguales medidas que circulan en mi corazón
allí se fraguan de día y de noche, solitariamente,
y abarcan desordenadas y tristes cantidades.

Así, pues, como un vigía tornado insensible y ciego,
incrédulo y condenado a un doloroso acecho,
frente a la pared en que cada día del tiempo se une,
mis rostros diferentes se arriman y encadenan
como grandes flores pálidas y pesadas
tenazmente substituidas y difuntas.

ÁNGELA ADÓNICA

Hoy me he tendido junto a una joven pura
como a la orilla de un océano blanco,
como en el centro de una ardiente estrella
de lento espacio.

De su mirada largamente verde
la luz caía como un agua seca
en transparentes y profundos círculos
de fresca fuerza.

Su pecho como un fuego de dos llamas
ardía en dos regiones levantado,
y en doble río llegaba a sus pies
grandes y claros.

Un clima de oro maduraba apenas
las diurnas longitudes de su cuerpo
llenándolo de frutas extendidas
y oculto fuego.

SONATA Y DESTRUCCIONES

Después de mucho, después de vagas leguas,
confuso de dominios, incierto de territorios,
acompañado de pobres esperanzas,
y compañías infieles, y desconfiados sueños,
amo lo tenaz que aún sobrevive en mis ojos,
oigo en mi corazón mis pasos de jinete,
muerdo el fuego dormido y la sal arruinada,
y de noche, de atmósfera oscura y luto prófugo,
aquel que vela a la orilla de los campamentos,
el viajero armado de estériles resistencias,
detenido entre sombras que crecen y alas que tiemblan,
me siento ser, y mi brazo de piedra me defiende.

Hay entre ciencias de llanto un altar confuso,
y en mi sesión de atardeceres sin perfume,
en mis abandonados dormitorios donde habita la luna,
y arañas de mi propiedad, y destrucciones que me son queridas,
adoro mi propio ser perdido, mi substancia imperfecta,
mi golpe de plata y mi pérdida eterna.
Ardió la uva húmeda, y su agua funeral
aún vacila, aún reside,
y el patrimonio estéril, y el domicilio traidor.
Quién hizo ceremonia de cenizas?
Quién amó lo perdido, quién protegió lo último?
El hueso del padre, la madera del buque muerto,
y su propio final, su misma huida,
su fuerza triste, su dios miserable?

Acecho, pues, lo inanimado y lo doliente,
y el testimonio extraño que sostengo
con eficiencia cruel y escrito en cenizas,
es la forma de olvido que prefiero,
el nombre que doy a la tierra, el valor de mis sueños,
la cantidad interminable que divido
con mis ojos de invierno, durante cada día de este mundo.

II

LA NOCHE DEL SOLDADO

Yo hago la noche del soldado, el tiempo del hombre sin melancolía ni exterminio, del tipo tirado lejos por el océano y una ola, y que no sabe que el agua amarga lo ha separado y que envejece, paulatinamente y sin miedo, dedicado a lo normal de la vida, sin cataclismos, sin ausencias, viviendo dentro de su piel y de su traje, sinceramente oscuro. Así, pues, me veo con camaradas estúpidos y alegres, que fuman y escupen y horrendamente beben, y que de repente caen, enfermos de muerte. Porque dónde están la tía, la novia, la suegra, la cuñada del soldado? Tal vez de ostracismo o de malaria mueren, se ponen fríos, amarillos y emigran a un astro de hielo, a un planeta fresco, a descansar, al fin, entre muchachas y frutas glaciales, y sus cadáveres, sus pobres cadáveres de fuego, irán custodiados por ángeles alabastrinos a dormir lejos de la llama y la ceniza.

Por cada día que cae, con su obligación vesperal de sucumbir, paseo, haciendo una guardia innecesaria, y paso entre mercaderes mahometanos, entre gentes que adoran la vaca y la cobra, paso yo, inadorable y común de rostro. Los meses no son inalterables, y a veces llueve: cae del calor del cielo una impregnación callada como el sudor, y sobre los grandes vegetales, sobre el lomo de las bestias feroces, a lo largo de cierto silencio, estas plumas húmedas se entretejen y alargan. Aguas de la noche, lágrimas del viento monzón, saliva salada caída como la espuma del caballo, y lenta de aumento, pobre de salpicadura, atónita de vuelo.

Ahora, dónde está esa curiosidad profesional, esa ternura abatida que solo con su reposo abría brecha, esa conciencia resplandeciente cuyo destello me vestía de ultra azul? Voy respirando como hijo hasta el corazón de un método obligatorio, de una tenaz paciencia física, resultado de alimentos y edad acumulados cada día, despojado de mi vestuario de venganza y de mi piel de oro. Horas de una sola estación ruedan a mis pies, y un día de formas diurnas y nocturnas está casi siempre detenido sobre mí.

Entonces, de cuando en cuando, visito muchachas de ojos y caderas jóvenes, seres en cuyo peinado brilla una flor amarilla como el relámpago. Ellas llevan anillos en cada dedo del pie, y brazaletes, y ajorcas en los tobillos, y además collares de color, collares que retiro y examino, porque yo quiero sorprenderme ante un cuerpo ininterrumpido y compacto, y no mitigar mi beso. Yo peso con mis brazos cada nueva estatua, y bebo su remedio vivo con sed masculina y en silencio. Tendido, mirando desde abajo la fugitiva criatura, trepando por su ser desnudo hasta su sonrisa: gigantesca y triangular hacia arriba, levantada en el aire por dos senos globales, fijos ante mis ojos como dos lámparas con luz de aceite blanco y dulces energías. Yo me encomiendo a su estrella morena, a su calidez de piel, e inmóvil bajo mi pecho como un adversario desgraciado, de miembros demasiado espesos y débiles, de ondulación indefensa: o bien girando sobre sí misma como una rueda pálida, dividida de aspas y dedos, rápida, profunda, circular, como una estrella en desorden.

Ay, de cada noche que sucede, hay algo de brasa abandonada que se gasta sola, y cae envuelta en ruinas, en medio de cosas funerales. Yo asisto comúnmente a esos términos, cubierto de armas inútiles, lleno de objeciones destruidas. Guardo la ropa y los huesos levemente impregnados de esa materia seminocturna: es un polvo temporal que se me va uniendo, y el dios de la substitución vela a veces a mi lado, respirando tenazmente, levantando la espada.

COMUNICACIONES DESMENTIDAS

Aquellos días extraviaron mi sentido profético, a mi casa entraban los coleccionistas de sellos, y emboscados, a altas horas de la estación, asaltaban mis cartas, arrancaban de ellas besos frescos, besos sometidos a una larga residencia marina, y conjuros que protegían mi suerte con ciencia femenina y defensiva caligrafía.

Vivía al lado de otras casas, otras personas y árboles tendiendo a lo grandioso, pabellones de follaje pasional, raíces emergidas, palas vegetales, cocoteros directos, y en medio de estas espumas verdes, pasaba con mi sombrero puntiagudo y un corazón por completo novelesco, con tranco pesado de esplendor, porque a medida que mis poderes se roían, y destruidos en polvo buscaban simetría como los muertos en los cementerios, los lugares conocidos, las extensiones hasta esa hora despreciadas, y los rostros que como plantas lentas brotaban en mi abandono, variaban a mi alrededor con terror y sigilo, como cantidades de hojas que un otoño súbito trastorna.

Loros, estrellas, y además el sol oficial, y una brusca humedad, hicieron nacer en mí un gusto ensimismado por la tierra y cuanta cosa la cubría, y una satisfacción de casa vieja por sus murciélagos, una delicadeza de mujer desnuda por sus uñas, dispusieron en mí como de armas débiles y tenaces de mis facultades vergonzosas, y la melancolía puso su estría en mi tejido, y la carta de amor, pálida de papel y temor, sustrajo su araña trémula que apenas teje y sin cesar desteje y teje. Naturalmente, de la luz lunar, de su circunstancial prolongación, y más aún, de su eje frío, que los pájaros (golondrinas, ocas) no pueden pisar ni en los delirios de la emigración, de su piel azul, lisa, delgada y sin alhajas, caí hacia el duelo, como quien cae herido de arma blanca. Yo soy sujeto de sangre especial, y esa substancia a la vez nocturna y marítima me hacía alterar y padecer, y esas aguas subcelestes degradaban mi energía y lo comercial de mi disposición.

De ese modo histórico mis huesos adquirieron gran preponderancia en mis intenciones: el reposo, las mansiones a la orilla del mar me atraían sin seguridad, pero con destino, y una vez llegado al recinto, rodeado del coro mudo y más inmóvil, sometido a la hora postrera y sus perfumes, injusto con las geografías inexactas y partidario mortal del sillón de cemento, aguardo el tiempo militarmente, y con el florete de la aventura manchado de sangre olvidada.

EL DESHABITADO

Estación invencible! En los lados del cielo un pálido cierzo se acumulaba, un aire desteñido e invasor, y hacia todo lo que los ojos abarcaban, como una espesa leche, como una cortina endurecida existía, continuamente.

De modo que el ser se sentía aislado, sometido a esa extraña substancia, rodeado de un cielo próximo, con el mástil quebrado frente a un litoral blanquecino, abandonado de lo sólido, frente a un transcurso impenetrable y en una casa de niebla. Condenación y horror! De haber estado herido y abandonado, o haber escogido las arañas, el luto y la sotana. De haberse emboscado, fuertemente ahíto de este mundo, y de haber conversado sobre esfinges y oros y fatídicos destinos. De haber amarrado la ceniza al traje cotidiano, y haber besado el origen terrestre con su sabor a olvido. Pero no. No.

Materias frías de la lluvia que caen sombríamente, pesares sin resurrección, olvido. En mi alcoba sin retratos, en mi traje sin luz, cuánta cabida eternamente permanece, y el lento rayo recto del día cómo se condensa hasta llegar a ser una sola gota oscura.

Movimientos tenaces, senderos verticales a cuya flor final a veces se asciende, compañías suaves o brutales, puertas ausentes! Como cada día un pan letárgico, bebo de un agua aislada!

Aúlla el cerrajero, trota el caballo, el caballejo empapado en lluvia, y el cochero de largo látigo tose, el condenado! Lo demás, hasta muy larga distancia permanece inmóvil, cubierto por el mes de junio y sus vegetaciones mojadas, sus animales callados, se unen como olas. Sí, qué mar de invierno, qué dominio sumergido trata de sobrevivir, y, aparentemente muerto, cruza de largos velámenes mortuorios esta densa superficie?

A menudo, de atardecer acaecido, arrimo la luz a la ventana, y me miro, sostenido por maderas miserables, tendido en la humedad como un ataúd envejecido, entre paredes bruscamente débiles. Sueño, de una ausencia a otra, y a otra distancia, recibido y amargo.

EL JOVEN MONARCA

Como continuación de lo leído y precedente de la página que sigue debo encaminar mi estrella al territorio amoroso.

Patria limitada por dos largos brazos cálidos, de larga pasión paralela, y un sitio de oros defendidos por sistema y matemática ciencia guerrera. Sí, quiero casarme con la más bella de Mandalay, quiero encomendar mi envoltura terrestre a ese ruido de la mujer cocinando, a ese aleteo de falda y pie desnudo que se mueven y mezclan como viento y hojas.

Amor de niña de pie pequeño y gran cigarro, flores de ámbar en el puro y cilíndrico peinado, y de andar en peligro, como un lirio de pesada cabeza, de gruesa consistencia.

Y mi esposa a mi orilla, al lado de mi rumor tan venido de lejos, mi esposa birmana, hija del rey.

Su enrollado cabello negro entonces beso, y su pie dulce y perpetuo: y acercada ya la noche, desencadenado su molino, escucho a mi tigre y lloro a mi ausente.

ESTABLECIMIENTOS NOCTURNOS

Difícilmente llamo a la realidad, como el perro, y también aúllo. Cómo amaría establecer el diálogo del hidalgo y el barquero, pintar la jirafa, describir los acordeones, celebrar mi musa desnuda y enroscada a mi cintura de asalto y resistencia. Así es mi cintura, mi cuerpo en general, una lucha despierta y larga, y mis riñones escuchan.

Oh Dios, cuántas ranas habituadas a la noche, silbando y roncando con gargantas de seres humanos a los cuarenta años, y qué angosta y sideral es la curva que hasta lo más lejos me rodea! Llorarían en mi caso los cantores italianos, los doctores de astronomía ceñidos por esta alba negra, definidos hasta el corazón por esta aguda espada.

Y luego esa condensación, esa unidad de elementos de la noche, esa suposición puesta detrás de cada cosa, y ese frío tan claramente sostenido por estrellas.

Execración para tanto muerto que no mira, para tanto herido de alcohol o infelicidad, y loor al nochero, al inteligente que soy yo, sobreviviente adorador de los cielos.

ENTIERRO EN EL ESTE

Yo trabajo de noche, rodeado de ciudad,
de pescadores, de alfareros, de difuntos quemados
con azafrán y frutas, envueltos en muselina escarlata:
bajo mi balcón esos muertos terribles
pasan sonando cadenas y flautas de cobre,
estridentes y finas y lúgubres silban
entre el color de las pesadas flores envenenadas
y el grito de los cenicientos danzarines
y el creciente monótono de los tam-tam
y el humo de las maderas que arden y huelen.

Porque una vez doblado el camino, junto al turbio río,
sus corazones, detenidos o iniciando un mayor movimiento,
rodarán quemados, con la pierna y el pie hechos fuego,
y la trémula ceniza caerá sobre el agua,
flotará como ramo de flores calcinadas
o como extinto fuego dejado por tan poderosos viajeros
que hicieron arder algo sobre las negras aguas, y devoraron
un alimento desaparecido y un licor extremo.

III

CABALLERO SOLO

Los jóvenes homosexuales y las muchachas amorosas,
y las largas viudas que sufren el delirante insomnio,
y las jóvenes señoras preñadas hace treinta horas,
y los roncos gatos que cruzan mi jardín en tinieblas,
como un collar de palpitantes ostras sexuales
rodean mi residencia solitaria,
como enemigos establecidos contra mi alma,
como conspiradores en traje de dormitorio
que cambiaran largos besos espesos por consigna.

El radiante verano conduce a los enamorados
en uniformes regimientos melancólicos,
hechos de gordas y flacas y alegres y tristes parejas:
bajo los elegantes cocoteros, junto al océano y la luna
hay una continua vida de pantalones y polleras,
un rumor de medias de seda acariciadas,
y senos femeninos que brillan como ojos.

El pequeño empleado, después de mucho,
después del tedio semanal, y las novelas leídas de noche, en cama,
ha definitivamente seducido a su vecina,
y la lleva a los miserables cinematógrafos
donde los héroes son potros o príncipes apasionados,
y acaricia sus piernas llenas de dulce vello
con sus ardientes y húmedas manos que huelen a cigarrillo.

Los atardeceres del seductor y las noches de los esposos
se unen como dos sábanas sepultándome,
y las horas después del almuerzo en que los jóvenes estudiantes,
y las jóvenes estudiantes, y los sacerdotes se masturban,
y los animales fornican directamente,
y las abejas huelen a sangre, y las moscas zumban coléricas,
y los primos juegan extrañamente con sus primas,
y los médicos miran con furia al marido de la joven paciente,
y las horas de la mañana en que el profesor, como por descuido,

cumple con su deber conyugal, y desayuna,
y, más aún, los adúlteros, que se aman con verdadero amor
sobre lechos altos y largos como embarcaciones:
seguramente, eternamente me rodea
este gran bosque respiratorio y enredado
con grandes flores como bocas y dentaduras
y negras raíces en forma de uñas y zapatos.

RITUAL DE MIS PIERNAS

Largamente he permanecido mirando mis largas piernas
con ternura infinita y curiosa, con mi acostumbrada pasión,
como si hubieran sido las piernas de una mujer divina
profundamente sumida en el abismo de mi tórax:
y es que, la verdad, cuando el tiempo, el tiempo pasa,
sobre la tierra, sobre el techo, sobre mi impura cabeza,
y pasa, el tiempo pasa, y en mi lecho no siento de noche que
una mujer está respirando, durmiendo, desnuda y a mi lado,
entonces, extrañas, oscuras cosas toman el lugar de la ausente,
viciosos, melancólicos pensamientos
siembran pesadas posibilidades en mi dormitorio,
y así, pues, miro mis piernas como si pertenecieran a otro cuerpo,
y fuerte y dulcemente estuvieran pegadas a mis entrañas.

Como tallos o femeninas, adorables cosas,
donde las rodillas suben, cilíndricas y espesas,
con turbado y compacto material de existencia,
como brutales, gruesos brazos de diosa,
como árboles monstruosamente vestidos de seres humanos,
como fatales, inmensos labios sedientos y tranquilos,
son allí la mejor parte de mi cuerpo:
lo enteramente substancial, sin complicado contenido
de sentidos o tráqueas o intestinos o ganglios:
nada, sino lo puro, lo dulce y espeso de mi propia vida,
nada, sino la forma y el volumen existiendo,
guardando la vida, sin embargo, de una manera completa.

Las gentes cruzan el mundo en la actualidad
sin apenas recordar que poseen un cuerpo y en él la vida,
y hay miedo, hay miedo en el mundo de las palabras que
    designan el cuerpo,
y se habla favorablemente de la ropa,
de pantalones es posible hablar, de trajes,
y de ropa interior de mujer (de medias y ligas de «señora»),

como si por las calles fueran las prendas y los trajes vacíos por
    completo
y un oscuro y obsceno guardarropas ocupara el mundo.

Tienen existencia los trajes, color, forma, designio,
y profundo lugar en nuestros mitos, demasiado lugar,
demasiados muebles y demasiadas habitaciones hay en el mundo,
y mi cuerpo vive entre y bajo tantas cosas abatido,
con un pensamiento fijo de esclavitud y de cadenas.

Bueno, mis rodillas, como nudos,
particulares, funcionarios, evidentes,
separan las mitades de mis piernas en forma seca:
y en realidad dos mundos diferentes, dos sexos diferentes
no son tan diferentes como las dos mitades de mis piernas.

Desde la rodilla hasta el pie una forma dura,
mineral, fríamente útil aparece,
una criatura de hueso y persistencia,
y los tobillos no son ya sino el propósito desnudo,
la exactitud y lo necesario dispuestos en definitiva.

Sin sensualidad, cortas y duras, y masculinas,
son allí mis piernas, y dotadas
de grupos musculares como animales complementarios,
y allí también una vida, una sólida, sutil, aguda vida
sin temblar permanece, aguardando y actuando.

En mis pies cosquillosos,
y duros como el sol, y abiertos como flores,
y perpetuos, magníficos soldados
en la guerra gris del espacio,
todo termina, la vida termina definitivamente en mis pies,
lo extranjero y lo hostil allí comienza,
los nombres del mundo, lo fronterizo y lo remoto,
lo sustantivo y lo adjetivo que no caben en mi corazón
con densa y fría constancia allí se originan.

Siempre,
productos manufacturados, medias, zapatos,
o simplemente aire infinito,
habrá entre mis pies y la tierra
extremando lo aislado y lo solitario de mi ser,
algo tenazmente supuesto entre mi vida y la tierra,
algo abiertamente invencible y enemigo.

EL FANTASMA DEL BUQUE DE CARGA

Distancia refugiada sobre tubos de espuma,
sal en rituales olas y órdenes definidos,
y un olor y rumor de buque viejo,
de podridas maderas y hierros averiados,
y fatigadas máquinas que aúllan y lloran
empujando la proa, pateando los costados,
mascando lamentos, tragando y tragando distancias,
haciendo un ruido de agrias aguas sobre las agrias aguas,
moviendo el viejo buque sobre las viejas aguas.

Bodegas interiores, túneles crepusculares
que el día intermitente de los puertos visita:
sacos, sacos que un dios sombrío ha acumulado
como animales grises, redondos y sin ojos,
con dulces orejas grises,
y vientres estimables llenos de trigo o copra,
sensitivas barrigas de mujeres encinta,
pobremente vestidas de gris, pacientemente
esperando en la sombra de un doloroso cine.

Las aguas exteriores de repente
se oyen pasar, corriendo como un caballo opaco,
con un ruido de pies de caballo en el agua,
rápidas, sumergiéndose otra vez en las aguas.
Nada más hay entonces que el tiempo en las cabinas:
el tiempo en el desventurado comedor solitario,
inmóvil y visible como una gran desgracia.
Olor de cuero y tela densamente gastados,
y cebollas, y aceite, y aún más,
olor de alguien flotando en los rincones del buque,
olor de alguien sin nombre
que baja como una ola de aire las escalas,
y cruza corredores con su cuerpo ausente,
y observa con sus ojos que la muerte preserva.

Observa con sus ojos sin color, sin mirada,
lento, y pasa temblando, sin presencia ni sombra,
los sonidos lo arrugan, las cosas lo traspasan,
su transparencia hace brillar las sillas sucias.

Quién es ese fantasma sin cuerpo de fantasma,
con sus pasos livianos como harina nocturna
y su voz que solo las cosas patrocinan?

Los muebles viajan llenos de su ser silencioso
como pequeños barcos dentro del viejo barco,
cargados de su ser desvanecido y vago:
los roperos, las verdes carpetas de las mesas,
el color de las cortinas y del suelo,
todo ha sufrido el lento vacío de sus manos,
y su respiración ha gastado las cosas.

Se desliza y resbala, desciende, transparente,
aire en el aire frío que corre sobre el buque,
con sus manos ocultas se apoya en las barandas
y mira el mar amargo que huye detrás del buque.

Solamente las aguas rechazan su influencia,
su color y su olor de olvidado fantasma,
y frescas y profundas desarrollan su baile
como vidas de fuego, como sangre o perfume,
nuevas y fuertes surgen, unidas y reunidas.

Sin gastarse las aguas, sin costumbre ni tiempo,
verdes de cantidad, eficaces y frías,
tocan el negro estómago del buque y su materia
lavan, sus costras rotas, sus arrugas de hierro,
roen las aguas vivas la cáscara del buque,
traficando sus largas banderas de espuma
y sus dientes de sal volando en gotas.

Mira el mar el fantasma con su rostro sin ojos:
el círculo del día, la tos del buque, un pájaro

en la ecuación redonda y sola del espacio,
y desciende de nuevo a la vida del buque
cayendo sobre el tiempo muerto y la madera,
resbalando en las negras cocinas y cabinas,
lento de aire y atmósfera, y desolado espacio.

TANGO DEL VIUDO

Oh Maligna, ya habrás hallado la carta, ya habrás llorado de furia,
y habrás insultado el recuerdo de mi madre
llamándola perra podrida y madre de perros,
ya habrás bebido sola, solitaria, el té del atardecer
mirando mis viejos zapatos vacíos para siempre,
y ya no podrás recordar mis enfermedades, mis sueños nocturnos,
     mis comidas
sin maldecirme en voz alta como si estuviera allí aún,
quejándome del trópico, de los «coolies coringhis»,
de las venenosas fiebres que me hicieron tanto daño
y de los espantosos ingleses que odio todavía.

Maligna, la verdad, qué noche tan grande, qué tierra tan sola!
He llegado otra vez a los dormitorios solitarios,
a almorzar en los restaurantes comida fría, y otra vez
tiro al suelo los pantalones y las camisas,
no hay perchas en mi habitación, ni retratos de nadie en las paredes.
Cuánta sombra de la que hay en mi alma daría por recobrarte,
y qué amenazadores me parecen los nombres de los meses,
y la palabra invierno qué sonido de tambor lúgubre tiene.

Enterrado junto al cocotero hallarás más tarde
el cuchillo que escondí allí por temor de que me mataras,
y ahora repentinamente quisiera oler su acero de cocina
acostumbrado al peso de tu mano y al brillo de tu pie:
bajo la humedad de la tierra, entre las sordas raíces,
de los lenguajes humanos el pobre solo sabría tu nombre,
y la espesa tierra no comprende tu nombre
hecho de impenetrables substancias divinas.

Así como me aflige pensar en el claro día de tus piernas
recostadas como detenidas y duras aguas solares,
y la golondrina que durmiendo y volando vive en tus ojos,
y el perro de furia que asilas en el corazón,
así también veo las muertes que están entre nosotros desde ahora,

y respiro en el aire la ceniza y lo destruido,
el largo, solitario espacio que me rodea para siempre.

Daría este viento del mar gigante por tu brusca respiración
oída en largas noches sin mezcla de olvido,
uniéndose a la atmósfera como el látigo a la piel del caballo.
Y por oírte orinar, en la oscuridad, en el fondo de la casa,
como vertiendo una miel delgada, trémula, argentina, obstinada,
cuántas veces entregaría este coro de sombras que poseo,
y el ruido de espadas inútiles que se oye en mi alma,
y la paloma de sangre que está solitaria en mi frente
llamando cosas desaparecidas, seres desaparecidos,
substancias extrañamente inseparables y perdidas.

IV

CANTARES

La parracial rosa devora
y sube a la cima del santo:
con espesas garras sujeta
el tiempo al fatigado ser:
hincha y sopla en las venas duras,
ata el cordel, pulmonar, entonces
largamente escucha y respira.

Morir deseo, vivir quiero,
herramienta, perro infinito,
movimiento de océano espeso
con vieja y negra superficie.

Para quién y a quién en la sombra
mi gradual guitarra resuena
naciendo en la sal de mi ser
como el pez en la sal del mar?

Ay, qué continuo país cerrado,
neutral, en la zona del fuego,
inmóvil, en el giro terrible,
seco, en la humedad de las cosas.

Entonces, entre mis rodillas,
bajo la raíz de mis ojos,
prosigue cosiendo mi alma:
su aterradora aguja trabaja.

Sobrevivo en medio del mar,
solo y tan locamente herido,
tan solamente persistiendo,
heridamente abandonado.

TRABAJO FRÍO

Dime, del tiempo resonando
en tu esfera parcial y dulce
no oyes acaso el sordo gemido?

No sientes de lenta manera,
en trabajo trémulo y ávido,
la insistente noche que vuelve?

Secas sales y sangres aéreas,
atropellado correr ríos,
temblando el testigo constata.

Aumento oscuro de paredes,
crecimiento brusco de puertas,
delirante población de estímulos,
circulaciones implacables.

Alrededor, de infinito modo,
en propaganda interminable,
de hocico armado y definido
el espacio hierve y se puebla.

No oyes la constante victoria
en la carrera de los seres
del tiempo, lento como el fuego,
seguro y espeso y hercúleo,
acumulando su volumen
y añadiendo su triste hebra?

Como una planta perpetua aumenta
su delgado y pálido hilo
mojado de gotas que caen
sin sonido en la soledad.

SIGNIFICA SOMBRAS

Qué esperanza considerar, qué presagio puro,
qué definitivo beso enterrar en el corazón,
someter en los orígenes del desamparo y la inteligencia,
suave y seguro sobre las aguas eternamente turbadas?

Qué vitales, rápidas alas de un nuevo ángel de sueños
instalar en mis hombros desnudos para seguridad perpetua,
de tal manera que el camino entre las estrellas de la muerte
sea un violento vuelo comenzado desde hace muchos días y
      meses y siglos?

Tal vez la debilidad natural de los seres recelosos y ansiosos
busca de súbito permanencia en el tiempo y límites en la tierra,
tal vez las fatigas y las edades acumuladas implacablemente
se extienden como la ola lunar de un océano recién creado
sobre litorales y tierras angustiosamente desiertas.

Ay, que lo que yo soy siga existiendo y cesando de existir,
y que mi obediencia se ordene con tales condiciones de hierro
que el temblor de las muertes y de los nacimientos no conmueva
el profundo sitio que quiero reservar para mí eternamente.

Sea, pues, lo que soy, en alguna parte y en todo tiempo, .
establecido y asegurado y ardiente testigo,
cuidadosamente destruyéndose y preservándose incesantemente,
evidentemente empeñado en su deber original.

RESIDENCIA EN LA TIERRA 2

1931-1935

I

UN DÍA SOBRESALE

De lo sonoro salen números,
números moribundos y cifras con estiércol,
rayos humedecidos y relámpagos sucios.
De lo sonoro, creciendo, cuando
la noche sale sola, como reciente viuda,
como paloma o amapola o beso,
y sus maravillosas estrellas se dilatan.

En lo sonoro la luz se verifica:
las vocales se inundan, el llanto cae en pétalos,
un viento de sonido como una ola retumba,
brilla, y peces de frío y elástico la habitan.

Peces en el sonido, lentos, agudos, húmedos,
arqueadas masas de oro con gotas en la cola,
tiburones de escama y espuma temblorosa,
salmones azulados de congelados ojos.

Herramientas que caen, carretas de legumbres,
rumores de racimos aplastados,
violines llenos de agua, detonaciones frescas,
motores sumergidos y polvorienta sombra,
fábricas, besos,
botellas palpitantes,
gargantas,
en torno a mí la noche suena,
el día, el mes, el tiempo,
sonando como sacos de campanas mojadas
o pavorosas bocas de sales quebradizas.

Olas del mar, derrumbes,
uñas, pasos del mar,
arrolladas corrientes de animales deshechos,
pitazos en la niebla ronca
deciden los sonidos de la dulce aurora
despertando en el mar abandonado.

A lo sonoro el alma rueda
cayendo desde sueños,
rodeada aún por sus palomas negras,
todavía forrada por sus trapos de ausencia.

A lo sonoro el alma acude
y sus bodas veloces celebra y precipita.

Cáscaras del silencio, de azul turbio,
como frascos de oscuras farmacias clausuradas,
silencio envuelto en pelo,
silencio galopando en caballos sin patas
y máquinas dormidas, y velas sin atmósfera,
y trenes de jazmín desalentado y cera,
y agobiados buques llenos de sombras y sombreros.

Desde el silencio sube el alma
con rosas instantáneas,
y en la mañana del día se desploma,
y se ahoga de bruces en la luz que suena.

Zapatos bruscos, bestias, utensilios
olas de gallos duros derramándose,
relojes trabajando como estómagos secos,
ruedas desenrollándose en rieles abatidos,
y *water-closets* blancos despertando
con ojos de madera, como palomas tuertas,
y sus gargantas anegadas
suenan de pronto como cataratas.

Ved cómo se levantan los párpados del moho
y se desencadena la cerradura roja
y la guirnalda desarrolla sus asuntos,
cosas que crecen,
los puentes aplastados por los grandes tranvías
rechinan como camas con amores,
la noche ha abierto sus puertas de piano:
como un caballo el día corre en sus tribunales.

De lo sonoro sale el día
de aumento y grado,
y también de violetas cortadas y cortinas,
de extensiones, de sombra recién huyendo
y gotas que del corazón del cielo
caen como sangre celeste.

SOLO LA MUERTE

Hay cementerios solos,
tumbas llenas de huesos sin sonido,
el corazón pasando un túnel
oscuro, oscuro, oscuro,
como un naufragio hacia adentro nos morimos,
como ahogarnos en el corazón,
como irnos cayendo desde la piel al alma.

Hay cadáveres,
hay pies de pegajosa losa fría,
hay la muerte en los huesos,
como un sonido puro,
como un ladrido sin perro,
saliendo de ciertas campanas, de ciertas tumbas,
creciendo en la humedad como el llanto o la lluvia.

Yo veo solo, a veces,
ataúdes a vela
zarpar con difuntos pálidos, con mujeres de trenzas muertas,
con panaderos blancos como ángeles,
con niñas pensativas casadas con notarios,
ataúdes subiendo el río vertical de los muertos,
el río morado,
hacia arriba, con las velas hinchadas por el sonido de la muerte,
hinchadas por el sonido silencioso de la muerte.

A lo sonoro llega la muerte
como un zapato sin pie, como un traje sin hombre,
llega a golpear con un anillo sin piedra y sin dedo,
llega a gritar sin boca, sin lengua, sin garganta.

Sin embargo sus pasos suenan
y su vestido suena, callado, como un árbol.

Yo no sé, yo conozco poco, yo apenas veo,
pero creo que su canto tiene color de violetas húmedas,
de violetas acostumbradas a la tierra,
porque la cara de la muerte es verde,
y la mirada de la muerte es verde,
con la aguda humedad de una hoja de violeta
y su grave color de invierno exasperado.

Pero la muerte va también por el mundo vestida de escoba,
lame el suelo buscando difuntos,
la muerte está en la escoba,
es la lengua de la muerte buscando muertos,
es la aguja de la muerte buscando hilo.

La muerte está en los catres:
en los colchones lentos, en las frazadas negras
vive tendida, y de repente sopla:
sopla un sonido oscuro que hincha sábanas,
y hay camas navegando a un puerto
en donde está esperando, vestida de almirante.

BARCAROLA

Si solamente me tocaras el corazón,
si solamente pusieras tu boca en mi corazón,
tu fina boca, tus dientes,
si pusieras tu lengua como una flecha roja
allí donde mi corazón polvoriento golpea,
si soplaras en mi corazón, cerca del mar, llorando,
sonaría con un ruido oscuro, con sonido de ruedas de tren con sueño,
como aguas vacilantes,
como el otoño en hojas,
como sangre,
con un ruido de llamas húmedas quemando el cielo,
sonando como sueños o ramas o lluvias,
o bocinas de puerto triste,
si tú soplaras en mi corazón, cerca del mar,
como un fantasma blanco,
al borde de la espuma,
en mitad del viento,
como un fantasma desencadenado, a la orilla del mar, llorando.

Como ausencia extendida, como campana súbita,
el mar reparte el sonido del corazón,
lloviendo, atardeciendo, en una costa sola:
la noche cae sin duda,
y su lúgubre azul de estandarte en naufragio
se puebla de planetas de plata enronquecida.

Y suena el corazón como un caracol agrio,
llama, oh mar, oh lamento, oh derretido espanto
esparcido en desgracias y olas desvencijadas:
de lo sonoro el mar acusa
sus sombras recostadas, sus amapolas verdes.

Si existieras de pronto, en una costa lúgubre,
rodeada por el día muerto,
frente a una nueva noche,

llena de olas,
y soplaras en mi corazón de miedo frío,
soplaras en la sangre sola de mi corazón,
soplaras en su movimiento de paloma con llamas,
sonarían sus negras sílabas de sangre,
crecerían sus incesantes aguas rojas,
y sonaría, sonaría a sombras,
sonaría como la muerte,
llamaría como un tubo lleno de viento o llanto,
o una botella echando espanto a borbotones.

Así es, y los relámpagos cubrirían tus trenzas
y la lluvia entraría por tus ojos abiertos
a preparar el llanto que sordamente encierras,
y las alas negras del mar girarían en torno
de ti, con grandes garras, y graznidos, y vuelos.

Quieres ser el fantasma que sople, solitario,
cerca del mar su estéril, triste instrumento?
Si solamente llamaras,
su prolongado son, su maléfico pito,
su orden de olas heridas,
alguien vendría acaso,
alguien vendría,
desde las cimas de las islas, desde el fondo rojo del mar,
alguien vendría, alguien vendría.

Alguien vendría, sopla con furia,
que suene como sirena de barco roto,
como lamento,
como un relincho en medio de la espuma y la sangre,
como un agua feroz mordiéndose y sonando.

En la estación marina
su caracol de sombra circula como un grito,
los pájaros del mar lo desestiman y huyen,
sus listas de sonido, sus lúgubres barrotes
se levantan a orillas del océano solo.

EL SUR DEL OCÉANO

De consumida sal y garganta en peligro
están hechas las rosas del océano solo,
el agua rota sin embargo,
y pájaros temibles,
y no hay sino la noche, acompañada
del día, y el día acompañado
de un refugio, de una
pezuña, del silencio.

En el silencio crece el viento
con su hoja única y su flor golpeada,
y la arena que tiene solo tacto y silencio,
no es nada, es una sombra,
una pisada de caballo vago,
no es nada sino una ola que el tiempo ha recibido,
porque todas las aguas van a los ojos fríos
del tiempo que debajo del océano mira.

Ya sus ojos han muerto de agua muerta y palomas,
y son dos agujeros de latitud amarga
por donde entran los peces de ensangrentados dientes
y las ballenas buscando esmeraldas,
y esqueletos de pálidos caballeros deshechos
por las lentas medusas, y además
varias asociaciones de arrayán venenoso,
manos aisladas, flechas,
revólveres de escama,
interminablemente corren por sus mejillas
y devoran sus ojos de sal destituida.

Cuando la luna entrega sus naufragios,
sus cajones, sus muertos
cubiertos de amapolas masculinas,
cuando en el saco de la luna caen
los trajes sepultados en el mar,

con sus largos tormentos, sus barbas derribadas,
sus cabezas que el agua y el orgullo pidieron para siempre,
en la extensión se oyen caer rodillas
hacia el fondo del mar traídas por la luna
en su saco de piedra gastado por las lágrimas
y por las mordeduras de pescados siniestros.

Es verdad, es la luna descendiendo
con crueles sacudidas de esponja, es, sin embargo,
la luna tambaleando entre las madrigueras,
la luna carcomida por los gritos del agua,
los vientres de la luna, sus escamas
de acero despedido: y desde entonces
al final del Océano desciende,
azul y azul, atravesada por azules,
ciegos azules de materia ciega,
arrastrando su cargamento corrompido,
buzos, maderas, dedos,
pescadora de la sangre que en las cimas del mar
ha sido derramada por grandes desventuras.

Pero hablo de una orilla, es allí donde azota
el mar con furia y las olas golpean
los muros de ceniza. Qué es esto? Es una sombra?
No es la sombra, es la arena de la triste república,
es un sistema de algas, hay alas, hay
un picotazo en el pecho del cielo:
oh superficie herida por las olas,
oh manantial del mar,
si la lluvia asegura tus secretos, si el viento interminable
mata los pájaros, si solamente el cielo,
solo quiero morder tus costas y morirme,
solo quiero mirar la boca de las piedras
por donde los secretos salen llenos de espuma.

Es una región sola, ya he hablado
de esta región tan sola,
donde la tierra está llena de océano,

y no hay nadie sino unas huellas de caballo,
no hay nadie sino el viento, no hay nadie
sino la lluvia que cae sobre las aguas del mar,
nadie sino la lluvia que crece sobre el mar.

II

WALKING AROUND

Sucede que me canso de ser hombre.
Sucede que entro en las sastrerías y en los cines
marchito, impenetrable, como un cisne de fieltro
navegando en un agua de origen y ceniza.

El olor de las peluquerías me hace llorar a gritos.
Solo quiero un descanso de piedras o de lana,
solo quiero no ver establecimientos ni jardines,
ni mercaderías, ni anteojos, ni ascensores.

Sucede que me canso de mis pies y mis uñas
y mi pelo y mi sombra.
Sucede que me canso de ser hombre.

Sin embargo sería delicioso
asustar a un notario con un lirio cortado
o dar muerte a una monja con un golpe de oreja.
Sería bello
ir por las calles con un cuchillo verde
y dando gritos hasta morir de frío.

No quiero seguir siendo raíz en las tinieblas,
vacilante, extendido, tiritando de sueño,
hacia abajo, en las tripas mojadas de la tierra,
absorbiendo y pensando, comiendo cada día.

No quiero para mí tantas desgracias.
No quiero continuar de raíz y de tumba,
de subterráneo solo, de bodega con muertos,
aterido, muriéndome de pena.

Por eso el día lunes arde como el petróleo
cuando me ve llegar con mi cara de cárcel,
y aúlla en su transcurso como una rueda herida,
y da pasos de sangre caliente hacia la noche.

Y me empuja a ciertos rincones, a ciertas casas húmedas,
a hospitales donde los huesos salen por la ventana,
a ciertas zapaterías con olor a vinagre,
a calles espantosas como grietas.

Hay pájaros de color de azufre y horribles intestinos
colgando de las puertas de las casas que odio,
hay dentaduras olvidadas en una cafetera,
hay espejos
que debieran haber llorado de vergüenza y espanto,
hay paraguas en todas partes, y venenos, y ombligos.

Yo paseo con calma, con ojos, con zapatos,
con furia, con olvido,
paso, cruzo oficinas y tiendas de ortopedia,
y patios donde hay ropas colgadas de un alambre:
calzoncillos, toallas y camisas que lloran
lentas lágrimas sucias.

DESESPEDIENTE

La paloma está llena de papeles caídos,
su pecho está manchado por gomas y semanas,
por secantes más blancos que un cadáver
y tintas asustadas de su color siniestro.

Ven conmigo a la sombra de las administraciones,
al débil, delicado color pálido de los jefes,
a los túneles profundos como calendarios,
a la doliente rueda de mil páginas.

Examinemos ahora los títulos y las condiciones,
las actas especiales, los desvelos,
las demandas con sus dientes de otoño nauseabundo,
la furia de cenicientos destinos y tristes decisiones.

Es un relato de huesos heridos,
amargas circunstancias e interminables trajes,
y medias repentinamente serias.
Es la noche profunda, la cabeza sin venas
de donde cae el día de repente
como de una botella rota por un relámpago.

Son los pies y los relojes y los dedos
y una locomotora de jabón moribundo,
y un agrio cielo de metal mojado,
y un amarillo río de sonrisas.

Todo llega a la punta de dedos como flores,
a uñas como relámpagos, a sillones marchitos,
todo llega a la tinta de la muerte
y a la boca violeta de los timbres.

Lloremos la defunción de la tierra y el fuego,
las espadas, las uvas,
los sexos con sus duros dominios de raíces,

las naves del alcohol navegando entre naves
y el perfume que baila de noche, de rodillas,
arrastrando un planeta de rosas perforadas.

Con un traje de perro y una mancha en la frente
caigamos a la profundidad de los papeles,
a la ira de las palabras encadenadas,
a manifestaciones tenazmente difuntas,
a sistemas envueltos en amarillas hojas.

Rodad conmigo a las oficinas, al incierto
olor de ministerios, y tumbas, y estampillas.
Venid conmigo al día blanco que se muere
dando gritos de novia asesinada.

LA CALLE DESTRUIDA

Por el hierro injuriado, por los ojos del yeso
pasa una lengua de años diferentes
del tiempo. Es una cola
de ásperas crines, unas manos de piedra llenas de ira,
y el color de las casas enmudece, y estallan
las decisiones de la arquitectura,
un pie terrible ensucia los balcones:
con lentitud, con sombra acumulada,
con máscaras mordidas de invierno y lentitud,
se pasean los días de alta frente
entre casas sin luna.

El agua y la costumbre y el lodo blanco
que la estrella despide, y en especial
el aire que las campanas han golpeado con furia,
gastan las cosas, tocan
las ruedas, se detienen
en las cigarrerías,
y crece el pelo rojo en las cornisas
como un largo lamento, mientras a lo profundo
caen llaves, relojes,
flores asimiladas al olvido.

Dónde está la violeta recién parida? Dónde
la corbata y el virginal céfiro rojo?
Sobre las poblaciones
una lengua de polvo podrido se adelanta
rompiendo anillos, royendo pintura,
haciendo aullar sin voz las sillas negras,
cubriendo los florones del cemento, los baluartes de metal destrozado,
el jardín y la lana, las ampliaciones de fotografías ardientes
heridas por la lluvia, la sed de las alcobas, y los grandes
carteles de los cines en donde luchan
la pantera y el trueno,
las lanzas del geranio, los almacenes llenos de miel perdida,

la tos, los trajes de tejido brillante,
todo se cubre de un sabor mortal
a retroceso y humedad y herida.

Tal vez las conversaciones anudadas, el roce de los cuerpos,
la virtud de las fatigadas señoras que anidan en el humo,
los tomates asesinados implacablemente,
el paso de los caballos de un triste regimiento,
la luz, la presión de muchos dedos sin nombre
gastan la fibra plana de la cal,
rodean de aire neutro las fachadas
como cuchillos: mientras
el aire del peligro roe las circunstancias,
los ladrillos, la sal se derraman como aguas
y los carros de gordos ejes tambalean.

Ola de rosas rotas y agujeros! Futuro
de la vena olorosa! Objetos sin piedad!
Nadie circule! Nadie abra los brazos
dentro del agua ciega!
Oh movimiento, oh nombre malherido,
oh cucharada de viento confuso
y color azotado! Oh herida en donde caen
hasta morir las guitarras azules!

MELANCOLÍA EN LAS FAMILIAS

Conservo un frasco azul,
dentro de él una oreja y un retrato:
cuando la noche obliga
a las plumas del búho,
cuando el ronco cerezo
se destroza los labios y amenaza
con cáscaras que el viento del océano a menudo perfora,
yo sé que hay grandes extensiones hundidas,
cuarzo en lingotes,
cieno,
aguas azules para una batalla,
mucho silencio, muchas
vetas de retrocesos y alcanfores,
cosas caídas, medallas, ternuras,
paracaídas, besos.

No es sino el paso de un día hacia otro,
una sola botella
andando por los mares,
y un comedor adonde llegan rosas,
un comedor abandonado
como una espina: me refiero
a una copa trizada, a una cortina, al fondo
de una sala desierta por donde pasa un río
arrastrando las piedras. Es una casa
situada en los cimientos de la lluvia,
una casa de dos pisos con ventanas obligatorias
y enredaderas estrictamente fieles.

Voy por las tardes, llego
lleno de lodo y muerte,
arrastrando la tierra y sus raíces,
y su vaga barriga en donde duermen
cadáveres con trigo,
metales, elefantes derrumbados.

Pero por sobre todo hay un terrible,
un terrible comedor abandonado,
con las alcuzas rotas
y el vinagre corriendo debajo de las sillas,
un rayo detenido de la luna,
algo oscuro, y me busco
una comparación dentro de mí:
tal vez es una tienda rodeada por el mar
y paños rotos goteando salmuera.
Es solo un comedor abandonado,
y alrededor hay extensiones,
fábricas sumergidas, maderas
que solo yo conozco,
porque estoy triste y viajo,
y conozco la tierra, y estoy triste.

MATERNIDAD

Por qué te precipitas hacia la maternidad y verificas
tu ácido oscuro con gramos a menudo fatales?
El porvenir de las rosas ha llegado! El tiempo
de la red y el relámpago! Las suaves peticiones
de las hojas perdidamente alimentadas!
Un río roto en desmesura
recorre habitaciones y canastos
infundiendo pasiones y desgracias
con su pesado líquido y su golpe de gotas.

Se trata de una súbita estación
que puebla ciertos huesos, ciertas manos,
ciertos trajes marinos.
Y ya que su destello hace variar las rosas
dándoles pan y piedras y rocío,
oh madre oscura, ven,
con una máscara en la mano izquierda
y con los brazos llenos de sollozos.

Por corredores donde nadie ha muerto
quiero que pases, por un mar sin peces,
sin escamas, sin náufragos,
por un hotel sin pasos,
por un túnel sin humo.

Es para ti este mundo en que no nace nadie,
en que no existen
ni la corona muerta ni la flor uterina,
es tuyo este planeta lleno de piel y piedras.

Hay sombra allí para todas las vidas.
Hay círculos de leche y edificios de sangre,
y torres de aire verde.
Hay silencio en los muros, y grandes vacas pálidas
con pezuñas de vino.

Hay sombra allí para que continúe
el diente en la mandíbula y un labio frente a otro,
y para que tu boca pueda hablar sin morirse,
y para que tu sangre no se derrumbe en vano.

Oh madre oscura, hiéreme
con diez cuchillos en el corazón,
hacia ese lado, hacia ese tiempo claro,
hacia esa primavera sin cenizas.

Hasta que rompas sus negras maderas
llama en mi corazón, hasta que un mapa
de sangre y de cabellos desbordados
manche los agujeros y la sombra,
hasta que lloren sus vidrios golpea,
hasta que se derramen sus agujas.

La sangre tiene dedos y abre túneles
debajo de la tierra.

ENFERMEDADES EN MI CASA

Cuando el deseo de alegría con sus dientes de rosa
escarba los azufres caídos durante muchos meses
y su red natural, sus cabellos sonando
a mis habitaciones extinguidas con ronco paso llegan,
allí la rosa de alambre maldito
golpea con arañas las paredes
y el vidrio roto hostiliza la sangre,
y las uñas del cielo se acumulan,
de tal modo que no se puede salir, que no se puede dirigir
un asunto estimable,
es tanta la niebla, la vaga niebla cagada por los pájaros,
es tanto el humo convertido en vinagre
y el agrio aire que horada las escalas:
en ese instante en que el día se cae con las plumas deshechas,
no hay sino llanto, nada más que llanto,
porque solo sufrir, solamente sufrir,
y nada más que llanto.

El mar se ha puesto a golpear por años una pata de pájaro,
y la sal golpea y la espuma devora,
las raíces de un árbol sujetan una mano de niña,
las raíces de un árbol más grande que una mano de niña,
más grande que una mano del cielo,
y todo el año trabajan, cada día de luna
sube sangre de niña hacia las hojas manchadas por la luna,
y hay un planeta de terribles dientes
envenenando el agua en que caen los niños,
cuando es de noche, y no hay sino la muerte,
solamente la muerte, y nada más que el llanto.

Como un grano de trigo en el silencio, pero
a quién pedir piedad por un grano de trigo?
Ved cómo están las cosas: tantos trenes,
tantos hospitales con rodillas quebradas,
tantas tiendas con gentes moribundas:

entonces, cómo?, cuándo?
a quién pedir por unos ojos del color de un mes frío,
y por un corazón del tamaño del trigo que vacila?
No hay sino ruedas y consideraciones,
alimentos progresivamente distribuidos,
líneas de estrellas, copas
en donde nada cae, sino solo la noche,
nada más que la muerte.

Hay que sostener los pasos rotos.
Cruzar entre tejados y tristezas mientras arde
una cosa quemada con llamas de humedad,
una cosa entre trapos tristes como la lluvia,
algo que arde y solloza,
un síntoma, un silencio.
Entre abandonadas conversaciones y objetos respirados,
entre las flores vacías que el destino corona y abandona,
hay un río que cae en una herida,
hay el océano golpeando una sombra de flecha quebrantada,
hay todo el cielo agujereando un beso.

Ayudadme, hojas que mi corazón ha adorado en silencio,
ásperas travesías, inviernos del sur, cabelleras
de mujeres mojadas en mi sudor terrestre,
luna del sur del cielo deshojado,
venid a mí con un día sin dolor,
con un minuto en que pueda reconocer mis venas.

Estoy cansado de una gota,
estoy herido en solamente un pétalo,
y por un agujero de alfiler sube un río de sangre sin consuelo,
y me ahogo en las aguas del rocío que se pudre en la sombra,
y por una sonrisa que no crece, por una boca dulce,
por unos dedos que el rosal quisiera
escribo este poema que solo es un lamento,
solamente un lamento.

III

ODA CON UN LAMENTO

Oh niña entre las rosas, oh presión de palomas,
oh presidio de peces y rosales,
tu alma es una botella llena de sal sedienta
y una campana llena de uvas es tu piel.

Por desgracia no tengo para darte sino uñas
o pestañas, o pianos derretidos,
o sueños que salen de mi corazón a borbotones,
polvorientos sueños que corren como jinetes negros,
sueños llenos de velocidades y desgracias.

Solo puedo quererte con besos y amapolas,
con guirnaldas mojadas por la lluvia,
mirando cenicientos caballos y perros amarillos.
Solo puedo quererte con olas a la espalda,
entre vagos golpes de azufre y aguas ensimismadas,
nadando en contra de los cementerios que corren en ciertos ríos
con pasto mojado creciendo sobre las tristes tumbas de yeso,
nadando a través de corazones sumergidos
y pálidas planillas de niños insepultos.

Hay mucha muerte, muchos acontecimientos funerarios
en mis desamparadas pasiones y desolados besos,
hay el agua que cae en mi cabeza,
mientras crece mi pelo,
un agua como el tiempo, un agua negra desencadenada,
con una voz nocturna, con un grito
de pájaro en la lluvia, con una interminable
sombra de ala mojada que protege mis huesos:
mientras me visto, mientras
interminablemente me miro en los espejos y en los vidrios,
oigo que alguien me sigue llamándome a sollozos
con una triste voz podrida por el tiempo.

Tú estás de pie sobre la tierra, llena
de dientes y relámpagos.
Tú propagas los besos y matas las hormigas.
Tú lloras de salud, de cebolla, de abeja,
de abecedario ardiendo.
Tú eres como una espada azul y verde
y ondulas al tocarte, como un río.

Ven a mi alma vestida de blanco, con un ramo
de ensangrentadas rosas y copas de cenizas,
ven con una manzana y un caballo,
porque allí hay una sala oscura y un candelabro roto,
unas sillas torcidas que esperan el invierno,
y una paloma muerta, con un número.

MATERIAL NUPCIAL

De pie como un cerezo sin cáscara ni flores,
especial, encendido, con venas y saliva,
y dedos y testículos,
miro una niña de papel y luna,
horizontal, temblando y respirando y blanca,
y sus pezones como dos cifras separadas,
y la rosal reunión de sus piernas en donde
su sexo de pestañas nocturnas parpadea.

Pálido, desbordante,
siento hundirse palabras en mi boca,
palabras como niños ahogados,
y rumbo y rumbo, y dientes crecen naves,
y aguas y latitud como quemadas.

La pondré como una espada o un espejo,
y abriré hasta la muerte sus piernas temerosas,
y morderé sus orejas y sus venas,
y haré que retroceda con los ojos cerrados
en un espeso río de semen verde.

La inundaré de amapolas y relámpagos,
la envolveré en rodillas, en labios, en agujas,
la entraré con pulgadas de epidermis llorando
y presiones de crimen y pelos empapados.

La haré huir escapándose por uñas y suspiros,
hacia nunca, hacia nada,
trepándose a la lenta médula y al oxígeno,
agarrándose a recuerdos y razones
como una sola mano, como un dedo partido
agitando una uña de sal desamparada.

Debe correr durmiendo por caminos de piel
en un país de goma cenicienta y ceniza,

luchando con cuchillos, y sábanas, y hormigas
y con ojos que caen en ella como muertos,
y con gotas de negra materia resbalando
como pescados ciegos o balas de agua gruesa.

AGUA SEXUAL

Rodando a goterones solos,
a gotas como dientes,
a espesos goterones de mermelada y sangre,
rodando a goterones
cae el agua,
como una espada en gotas,
como un desgarrador río de vidrio,
cae mordiendo,
golpeando el eje de la simetría, pegando en las costuras del alma,
rompiendo cosas abandonadas, empapando lo oscuro.

Solamente es un soplo, más húmedo que el llanto,
un líquido, un sudor, un aceite sin nombre,
un movimiento agudo,
haciéndose, espesándose,
cae el agua,
a goterones lentos,
hacia su mar, hacia su seco océano,
hacia su ola sin agua.

Veo el verano extenso, y un estertor saliendo de un granero,
bodegas, cigarras,
poblaciones, estímulos,
habitaciones, niñas
durmiendo con las manos en el corazón,
soñando con bandidos, con incendios,
veo barcos,
veo árboles de médula
erizados como gatos rabiosos,
veo sangre, puñales y medias de mujer,
y pelos de hombre,
veo camas, veo corredores donde grita una virgen,
veo frazadas y órganos y hoteles.

Veo los sueños sigilosos,
admito los postreros días,
y también los orígenes, y también los recuerdos,
como un párpado atrozmente levantado a la fuerza
estoy mirando.

Y entonces hay este sonido:
un ruido rojo de huesos,
un pegarse de carne,
y piernas amarillas como espigas juntándose.
Yo escucho entre el disparo de los besos,
escucho, sacudido entre respiraciones y sollozos.

Estoy mirando, oyendo,
con la mitad del alma en el mar y la mitad del alma en la tierra,
y con las dos mitades del alma miro el mundo.

Y aunque cierre los ojos y me cubra el corazón enteramente,
veo caer un agua sorda,
a goterones sordos.

Es como un huracán de gelatina,
como una catarata de espermas y medusas.
Veo correr un arco iris turbio.
Veo pasar sus aguas a través de los huesos.

IV

TRES CANTOS MATERIALES

ENTRADA A LA MADERA

Con mi razón apenas, con mis dedos,
con lentas aguas lentas inundadas,
caigo al imperio de los nomeolvides,
a una tenaz atmósfera de luto,
a una olvidada sala decaída,
a un racimo de tréboles amargos.

Caigo en la sombra, en medio
de destruidas cosas,
y miro arañas, y apaciento bosques
de secretas maderas inconclusas,
y ando entre húmedas fibras arrancadas
al vivo ser de substancia y silencio.

Dulce materia, oh rosa de alas secas,
en mi hundimiento tus pétalos subo
con pies pesados de roja fatiga,
y en tu catedral dura me arrodillo
golpeándome los labios con un ángel.

Es que soy yo ante tu color de mundo,
ante tus pálidas espadas muertas,
ante tus corazones reunidos,
ante tu silenciosa multitud.

Soy yo ante tu ola de olores muriendo,
envueltos en otoño y resistencia:
soy yo emprendiendo un viaje funerario
entre tus cicatrices amarillas:
soy yo con mis lamentos sin origen,
sin alimentos, desvelado, solo,
entrando oscurecidos corredores,
llegando a tu materia misteriosa.

Veo moverse tus corrientes secas,
veo crecer manos interrumpidas,
oigo tus vegetales oceánicos
crujir de noche y furia sacudidos,
y siento morir hojas hacia adentro,
incorporando materiales verdes
a tu inmovilidad desamparada.

Poros, vetas, círculos de dulzura,
peso, temperatura silenciosa,
flechas pegadas a tu alma caída,
seres dormidos en tu boca espesa,
polvo de dulce pulpa consumida,
ceniza llena de apagadas almas,
venid a mí, a mi sueño sin medida,
caed en mi alcoba en que la noche cae
y cae sin cesar como agua rota,
y a vuestra vida, a vuestra muerte asidme,
a vuestros materiales sometidos,
a vuestras muertas palomas neutrales,
y hagamos fuego, y silencio, y sonido,
y ardamos, y callemos, y campanas.

APOGEO DEL APIO

Del centro puro que los ruidos nunca
atravesaron, de la intacta cera,
salen claros relámpagos lineales,
palomas con destino de volutas,
hacia tardías calles con olor
a sombra y a pescado.

Son las venas del apio! Son la espuma, la risa,
los sombreros del apio!
Son los signos del apio, su sabor
de luciérnaga, sus mapas
de color inundado,
y cae su cabeza de ángel verde,
y sus delgados rizos se acongojan,
y entran los pies del apio en los mercados
de la mañana herida, entre sollozos,
y se cierran las puertas a su paso,
y los dulces caballos se arrodillan.

Sus pies cortados van, sus ojos verdes
van derramados, para siempre hundidos
en ellos los secretos y las gotas:
los túneles del mar de donde emergen,
las escaleras que el apio aconseja,
las desdichadas sombras sumergidas,
las determinaciones en el centro del aire,
los besos en el fondo de las piedras.

A medianoche, con manos mojadas,
alguien golpea mi puerta en la niebla,
y oigo la voz del apio, voz profunda,
áspera voz de viento encarcelado,
se queja herido de aguas y raíces,
hunde en mi cama sus amargos rayos,
y sus desordenadas tijeras me pegan en el pecho
buscándome la boca del corazón ahogado.

Qué quieres, huésped de corsé quebradizo,
en mis habitaciones funerales?
Qué ámbito destrozado te rodea?

Fibras de oscuridad y luz llorando,
ribetes ciegos, energías crespas,
río de vida y hebras esenciales,
verdes ramas de sol acariciado,
aquí estoy, en la noche, escuchando secretos,
desvelos, soledades,
y entráis, en medio de la niebla hundida,
hasta crecer en mí, hasta comunicarme
la luz oscura y la rosa de la tierra.

ESTATUTO DEL VINO

Cuando a regiones, cuando a sacrificios
manchas moradas como lluvias caen,
el vino abre las puertas con asombro,
y en el refugio de los meses vuela
su cuerpo de empapadas alas rojas.

Sus pies tocan los muros y las tejas
con humedad de lenguas anegadas,
y sobre el filo del día desnudo
sus abejas en gotas van cayendo.

Yo sé que el vino no huye dando gritos
a la llegada del invierno,
ni se esconde en iglesias tenebrosas
a buscar fuego en trapos derrumbados,
sino que vuela sobre la estación,
sobre el invierno que ha llegado ahora
con un puñal entre las cejas duras.

Yo veo vagos sueños,
yo reconozco lejos,
y miro frente a mí, detrás de los cristales,
reuniones de ropas desdichadas.

A ellas la bala del vino no llega,
su amapola eficaz, su rayo rojo,
mueren ahogados en tristes tejidos,
y se derrama por canales solos,
por calles húmedas, por ríos sin nombre,
el vino amargamente sumergido,
el vino ciego y subterráneo y solo.

Yo estoy de pie en su espuma y sus raíces,
yo lloro en su follaje y en sus muertos,
acompañado de sastres caídos
en medio del invierno deshonrado,

yo subo escalas de humedad y sangre
tanteando las paredes,
y en la congoja del tiempo que llega
sobre una piedra me arrodillo y lloro.

Y hacia túneles acres me encamino
vestido de metales transitorios,
hacia bodegas solas, hacia sueños,
hacia betunes verdes que palpitan,
hacia herrerías desinteresadas,
hacia sabores de lodo y garganta,
hacia imperecederas mariposas.

Entonces surgen los hombres del vino
vestidos de morados cinturones,
y sombreros de abejas derrotadas,
y traen copas llenas de ojos muertos,
y terribles espadas de salmuera,
y con roncas bocinas se saludan
cantando cantos de intención nupcial.

Me gusta el canto ronco de los hombres del vino,
y el ruido de mojadas monedas en la mesa,
y el olor de zapatos y de uvas
y de vómitos verdes:
me gusta el canto ciego de los hombres,
y ese sonido de sal que golpea
las paredes del alba moribunda.

Hablo de cosas que existen, Dios me libre
de inventar cosas cuando estoy cantando!
Hablo de la saliva derramada en los muros,
hablo de lentas medias de ramera,
hablo del coro de los hombres del vino
golpeando el ataúd con un hueso de pájaro.

Estoy en medio de ese canto, en medio
del invierno que rueda por las calles,

estoy en medio de los bebedores,
con los ojos abiertos hacia olvidados sitios,
o recordando en delirante luto,
o durmiendo en cenizas derribado.

Recordando noches, navíos, sementeras,
amigos fallecidos, circunstancias,
amargos hospitales y niñas entreabiertas:
recordando un golpe de ola en cierta roca
con un adorno de harina y espuma,
y la vida que hace uno en ciertos países,
en ciertas costas solas,
un sonido de estrellas en las palmeras,
un golpe del corazón en los vidrios,
un tren que cruza oscuro de ruedas malditas
y muchas cosas tristes de esta especie.

A la humedad del vino, en las mañanas,
en las paredes a menudo mordidas por los días de invierno
que caen en bodegas sin duda solitarias,
a esa virtud del vino llegan luchas,
y cansados metales y sordas dentaduras,
y hay un tumulto de objeciones rotas,
hay un furioso llanto de botellas,
y un crimen, como un látigo caído.

El vino clava sus espinas negras,
y sus erizos lúgubres pasea,
entre puñales, entre mediasnoches,
entre roncas gargantas arrastradas,
entre cigarros y torcidos pelos,
y como ola de mar su voz aumenta
aullando llanto y manos de cadáver.

Y entonces corre el vino perseguido
y sus tenaces odres se destrozan
contra las herraduras, y va el vino en silencio,
y sus toneles, en heridos buques en donde el aire muerde.

rostros, tripulaciones de silencio,
y el vino huye por las carreteras,
por las iglesias, entre los carbones,
y se caen sus plumas de amaranto,
y se disfraza de azufre su boca,
y el vino ardiendo entre calles usadas
buscando pozos, túneles, hormigas,
bocas de tristes muertos,
por donde ir al azul de la tierra
en donde se confunden la lluvia y los ausentes.

V

ODA A FEDERICO GARCÍA LORCA

Si pudiera llorar de miedo en una casa sola,
si pudiera sacarme los ojos y comérmelos,
lo haría por tu voz de naranjo enlutado
y por tu poesía que sale dando gritos.

Porque por ti pintan de azul los hospitales
y crecen las escuelas y los barrios marítimos,
y se pueblan de plumas los ángeles heridos,
y se cubren de escamas los pescados nupciales,
y van volando al cielo los erizos:
por ti las sastrerías con sus negras membranas
se llenan de cucharas y de sangre,
y tragan cintas rotas, y se matan a besos,
y se visten de blanco.

Cuando vuelas vestido de durazno,
cuando ríes con risa de arroz huracanado,
cuando para cantar sacudes las arterias y los dientes,
la garganta y los dedos,
me moriría por lo dulce que eres,
me moriría por los lagos rojos
en donde en medio del otoño vives
con un corcel caído y un dios ensangrentado,
me moriría por los cementerios
que como cenicientos ríos pasan
con agua y tumbas,
de noche, entre campanas ahogadas:
ríos espesos como dormitorios
de soldados enfermos, que de súbito crecen
hacia la muerte en ríos con números de mármol
y coronas podridas, y aceites funerales:
me moriría por verte de noche
mirar pasar las cruces anegadas,
de pie y llorando,
porque ante el río de la muerte lloras

abandonadamente, heridamente,
lloras llorando, con los ojos llenos
de lágrimas, de lágrimas, de lágrimas.

Si pudiera de noche, perdidamente solo,
acumular olvido y sombra y humo
sobre ferrocarriles y vapores,
con un embudo negro,
mordiendo las cenizas,
lo haría por el árbol en que creces,
por los nidos de aguas doradas que reúnes,
y por la enredadera que te cubre los huesos
comunicándote el secreto de la noche.

Ciudades con olor a cebolla mojada
esperan que tú pases cantando roncamente,
y silenciosos barcos de esperma te persiguen,
y golondrinas verdes hacen nido en tu pelo,
y además caracoles y semanas,
mástiles enrollados y cerezas
definitivamente circulan cuando asoman
tu pálida cabeza de quince ojos
y tu boca de sangre sumergida.

Si pudiera llenar de hollín las alcaldías
y, sollozando, derribar relojes,
sería para ver cuándo a tu casa
llega el verano con los labios rotos,
llegan muchas personas de traje agonizante,
llegan regiones de triste esplendor,
llegan arados muertos y amapolas,
llegan enterradores y jinetes,
llegan planetas y mapas con sangre,
llegan buzos cubiertos de ceniza,
llegan enmascarados arrastrando doncellas
atravesadas por grandes cuchillos,
llegan raíces, venas, hospitales,
manantiales, hormigas,

llega la noche con la cama en donde
muere entre las arañas un húsar solitario,
llega una rosa de odio y alfileres,
llega una embarcación amarillenta,
llega un día de viento con un niño,
llego yo con Oliverio, Norah,
Vicente Aleixandre, Delia,
Maruca, Malva Marina, María Luisa y Larco,
la Rubia, Rafael, Ugarte,
Cotapos, Rafael Alberti,
Carlos, Bebé, Manolo Altolaguirre,
Molinari,
Rosales, Concha Méndez,
y otros que se me olvidan.

Ven a que te corone, joven de la salud
y de la mariposa, joven puro
como un negro relámpago perpetuamente libre,
y conversando entre nosotros,
ahora, cuando no queda nadie entre las rocas,
hablemos sencillamente como eres tú y soy yo:
para qué sirven los versos si no es para el rocío?

Para qué sirven los versos si no es para esa noche
en que un puñal amargo nos averigua, para ese día,
para ese crepúsculo, para ese rincón roto
donde el golpeado corazón del hombre se dispone a morir?

Sobre todo de noche,
de noche hay muchas estrellas,
todas dentro de un río,
como una cinta junto a las ventanas
de las casas llenas de pobres gentes.

Alguien se les ha muerto, tal vez
han perdido sus colocaciones en las oficinas,
en los hospitales, en los ascensores,
en las minas,

sufren los seres tercamente heridos
y hay propósito y llanto en todas partes:
mientras las estrellas corren dentro de un río interminable
hay mucho llanto en las ventanas,
los umbrales están gastados por el llanto,
las alcobas están mojadas por el llanto
que llega en forma de ola a morder las alfombras.

Federico,
tú ves el mundo, las calles,
el vinagre,
las despedidas en las estaciones
cuando el humo levanta sus ruedas decisivas
hacia donde no hay nada sino algunas
separaciones, piedras, vías férreas.

Hay tantas gentes haciendo preguntas
por todas partes.
Hay el ciego sangriento, y el iracundo, y el
desanimado.
y el miserable, el árbol de las uñas,
el bandolero con la envidia a cuestas.

Así es la vida, Federico, aquí tienes
las cosas que te puede ofrecer mi amistad
de melancólico varón varonil.
Ya sabes por ti mismo muchas cosas,
y otras irás sabiendo lentamente.

ALBERTO ROJAS GIMÉNEZ VIENE VOLANDO

Entre plumas que asustan, entre noches,
entre magnolias, entre telegramas,
entre el viento del Sur y el Oeste marino,
    vienes volando.

Bajo las tumbas, bajo las cenizas,
bajo los caracoles congelados,
bajo las últimas aguas terrestres,
    vienes volando.

Más abajo, entre niñas sumergidas,
y plantas ciegas, y pescados rotos,
más abajo, entre nubes otra vez,
    vienes volando.

Más allá de la sangre y de los huesos,
más allá del pan, más allá del vino,
más allá del fuego,
    vienes volando.

Más allá del vinagre y de la muerte,
entre putrefacciones y violetas,
con tu celeste voz y tus zapatos húmedos,
    vienes volando.

Sobre diputaciones y farmacias,
y ruedas, y abogados, y navíos,
y dientes rojos recién arrancados,
    vienes volando.

Sobre ciudades de tejado hundido
en que grandes mujeres se destrenzan
con anchas manos y peines perdidos,
    vienes volando.

Junto a bodegas donde el vino crece
con tibias manos turbias, en silencio,
con lentas manos de madera roja,
      vienes volando.

Entre aviadores desaparecidos,
al lado de canales y de sombras,
al lado de azucenas enterradas,
      vienes volando.

Entre botellas de color amargo,
entre anillos de anís y desventura,
levantando las manos y llorando,
      vienes volando.

Sobre dentistas y congregaciones,
sobre cines, y túneles, y orejas,
con traje nuevo y ojos extinguidos,
      vienes volando.

Sobre tu cementerio sin paredes
donde los marineros se extravían,
mientras la lluvia de tu muerte cae,
      vienes volando.

Mientras la lluvia de tus dedos cae,
mientras la lluvia de tus huesos cae,
mientras tu médula y tu risa caen,
      vienes volando.

Sobre las piedras en que te derrites,
corriendo, invierno abajo, tiempo abajo,
mientras tu corazón desciende en gotas,
      vienes volando.

No estás allí, rodeado de cemento,
y negros corazones de notarios,

y enfurecidos huesos de jinetes:
vienes volando.

Oh amapola marina, oh deudo mío,
oh guitarrero vestido de abejas,
no es verdad tanta sombra en tus cabellos:
vienes volando.

No es verdad tanta sombra persiguiéndote
no es verdad tantas golondrinas muertas,
tanta región oscura con lamentos:
vienes volando.

El viento negro de Valparaíso
abre sus alas de carbón y espuma
para barrer el cielo donde pasas:
vienes volando.

Hay vapores, y un frío de mar muerto,
y silbatos, y meses, y un olor
de mañana lloviendo y peces sucios:
vienes volando.

Hay ron, tú y yo, y mi alma donde lloro,
y nadie y nada, sino una escalera
de peldaños quebrados, y un paraguas:
vienes volando.

Allí está el mar. Bajo de noche y te oigo
venir volando bajo el mar sin nadie,
bajo el mar que me habita, oscurecido:
vienes volando.

Oigo tus alas y tu lento vuelo,
y el agua de los muertos me golpea
como palomas ciegas y mojadas:
vienes volando.

Vienes volando, solo, solitario,
solo entre muertos, para siempre solo,
vienes volando sin sombra y sin nombre,
sin azúcar, sin boca, sin rosales,
　　　vienes volando.

EL DESENTERRADO

Homenaje al conde de Villamediana

Cuando la tierra llena de párpados mojados
se haga ceniza y duro aire cernido,
y los terrones secos y las aguas,
los pozos, los metales,
por fin devuelvan sus gastados muertos,
quiero una oreja, un ojo,
un corazón herido dando tumbos,
un hueco de puñal hace ya tiempo hundido
en un cuerpo hace tiempo exterminado y solo,
quiero unas manos, una ciencia de uñas,
una boca de espanto y amapolas muriendo,
quiero ver levantarse del polvo inútil
un ronco árbol de venas sacudidas,
yo quiero de la tierra más amarga,
entre azufre y turquesa y olas rojas
y torbellinos de carbón callado,
quiero una carne despertar sus huesos
aullando llamas,
y un especial olfato correr en busca de algo,
y una vista cegada por la tierra
correr detrás de dos ojos oscuros,
y un oído, de pronto, como una ostra furiosa,
rabiosa, desmedida,
levantarse hacia el trueno,
y un tacto puro, entre sales perdido,
salir tocando pechos y azucenas, de pronto.

Oh día de los muertos! oh distancia hacia donde
la espiga muerta yace con su olor a relámpago,
oh galerías entregando un nido
y un pez y una mejilla y una espada,
todo molido entre las confusiones,
todo sin esperanzas decaído,

todo en la sima seca alimentado
entre los dientes de la tierra dura.

Y la pluma a su pájaro suave,
y la luna a su cinta, y el perfume a su forma,
y, entre las rosas, el desenterrado,
el hombre lleno de algas minerales,
y a sus dos agujeros sus ojos retornando.

Está desnudo,
sus ropas no se encuentran en el polvo,
y su armadura rota se ha deslizado al fondo del infierno,
y su barba ha crecido como el aire en otoño,
y hasta su corazón quiere morder manzanas.

Cuelgan de sus rodillas y sus hombros
adherencias de olvido, hebras del suelo,
zonas de vidrio roto y aluminio,
cáscaras de cadáveres amargos,
bolsillos de agua convertida en hierro:
y reuniones de terribles bocas
derramadas y azules,
y ramas de coral acongojado
hacen corona a su cabeza verde,
y tristes vegetales fallecidos
y maderas nocturnas le rodean,
y en él aún duermen palomas entreabiertas
con ojos de cemento subterráneo.

Conde dulce, en la niebla,
oh recién despertado de las minas,
oh recién seco del agua sin río,
oh recién sin arañas!

Crujen minutos en tus pies naciendo,
tu sexo asesinado se incorpora,
y levantas la mano en donde vive
todavía el secreto de la espuma.

VI

EL RELOJ CAÍDO EN EL MAR

Hay tanta luz tan sombría en el espacio
y tantas dimensiones de súbito amarillas,
porque no cae el viento
ni respiran las hojas.

Es un día domingo detenido en el mar,
un día como un buque sumergido,
una gota del tiempo que asaltan las escamas
ferozmente vestidas de humedad transparente.

Hay meses seriamente acumulados en una vestidura
que queremos oler llorando con los ojos cerrados,
y hay años en un solo ciego signo del agua
depositada y verde,
hay la edad que los dedos ni la luz apresaron,
mucho más estimable que un abanico roto,
mucho más silenciosa que un pie desenterrado,
hay la nupcial edad de los días disueltos
en una triste tumba que los peces recorren.

Los pétalos del tiempo caen inmensamente
como vagos paraguas parecidos al cielo,
creciendo en torno, es apenas
una campana nunca vista,
una rosa inundada, una medusa, un largo
latido quebrantado:
pero no es eso, es algo que toca y gasta apenas,
una confusa huella sin sonido ni pájaros,
un desvanecimiento de perfumes y razas.

El reloj que en el campo se tendió sobre el musgo
y golpeó una cadera con su eléctrica forma
corre desvencijado y herido bajo el agua temible
que ondula palpitando de corrientes centrales.

VUELVE EL OTOÑO

Un enlutado día cae de las campanas
como una temblorosa tela de vaga viuda,
es un color, un sueño
de cerezas hundidas en la tierra,
es una cola de humo que llega sin descanso
a cambiar el color del agua y de los besos.

No sé si me entiende: cuando desde lo alto
se avecina la noche, cuando el solitario poeta
a la ventana oye correr el corcel del otoño
y las hojas del miedo pisoteado crujen en sus arterias,
hay algo sobre el cielo, como lengua de buey
espeso, algo en la duda del cielo y de la atmósfera.

Vuelven las cosas a su sitio,
el abogado indispensable, las manos, el aceite,
las botellas,
todos los indicios de la vida: las camas sobre todo,
están llenas de un líquido sangriento,
la gente deposita sus confianzas en sórdidas orejas,
los asesinos bajan escaleras,
pero no es esto, sino el viejo galope,
el caballo del viejo otoño que tiembla y dura.

El caballo del viejo otoño tiene la barba roja
y la espuma del miedo le cubre las mejillas
y el aire que le sigue tiene forma de océano
y perfume de vaga podredumbre enterrada.

Todos los días baja del cielo un color ceniciento
que las palomas deben repartir por la tierra:
la cuerda que el olvido y las lágrimas tejen,
el tiempo que ha dormido largos años dentro de las campanas,
todo,
los viejos trajes mordidos, las mujeres que ven venir la nieve,

las amapolas negras que nadie puede contemplar sin morir,
todo cae a las manos que levanto
en medio de la lluvia.

NO HAY OLVIDO (SONATA)

Si me preguntáis en dónde he estado
debo decir «Sucede».
Debo de hablar del suelo que oscurecen las piedras,
del río que durando se destruye:
no sé sino las cosas que los pájaros pierden,
el mar dejado atrás, o mi hermana llorando.
Por qué tantas regiones, por qué un día
se junta con un día? Por qué una negra noche
se acumula en la boca? Por qué muertos?

Si me preguntáis de dónde vengo tengo que conversar con cosas rotas,
con utensilios demasiado amargos,
con grandes bestias a menudo podridas
y con mi acongojado corazón.

No son recuerdos los que se han cruzado
ni es la paloma amarillenta que duerme en el olvido,
sino caras con lágrimas,
dedos en la garganta,
y lo que se desploma de las hojas:
la oscuridad de un día transcurrido,
de un día alimentado con nuestra triste sangre.

He aquí violetas, golondrinas,
todo cuanto nos gusta y aparece
en las dulces tarjetas de larga cola
por donde se pasean el tiempo y la dulzura.
Pero no penetremos más allá de esos dientes,
no mordamos las cáscaras que el silencio acumula,
porque no sé qué contestar:
hay tantos muertos,
y tantos malecones que el sol rojo partía,
y tantas cabezas que golpean los buques,
y tantas manos que han encerrado besos,
y tantas cosas que quiero olvidar.

JOSIE BLISS

Color azul de exterminadas fotografías,
color azul con pétalos y paseos al mar,
nombre definitivo que cae en las semanas
con un golpe de acero que las mata.

Qué vestido, qué primavera cruza,
qué mano sin cesar busca senos, cabezas?
El evidente humo del tiempo cae en vano,
en vano las estaciones,
las despedidas donde cae el humo,
los precipitados acontecimientos que esperan con espada:
de pronto hay algo,
como un confuso ataque de pieles rojas,
el horizonte de la sangre tiembla, hay algo,
algo sin duda agita los rosales.

Color azul de párpados que la noche ha lamido,
estrellas de cristal desquiciado, fragmentos
de piel y enredaderas sollozantes,
color que el río cava golpeándose en la arena,
azul que ha preparado las grandes gotas.

Tal vez sigo existiendo en una calle que el aire hace llorar
con un determinado lamento lúgubre de tal manera
que todas las mujeres visten de sordo azul:
yo existo en ese día repartido,
existo allí como una piedra pisada por un buey,
como un testigo sin duda olvidado.

Color azul de ala de pájaro de olvido,
el mar completamente ha empapado las plumas,
su ácido degradado, su ola de peso pálido
persigue las cosas hacinadas en los rincones del alma,
y en vano el humo golpea las puertas.

Ahí están, ahí están
los besos arrastrados por el polvo junto a un triste navío,
ahí están las sonrisas desaparecidas, los trajes que una mano
sacude llamando el alba:
parece que la boca de la muerte no quiere morder rostros,
dedos, palabras, ojos:
ahí están otra vez como grandes peces que completan el cielo
con su azul material vagamente invencible.

ÍNDICE

II

III

IV

RESIDENCIA EN LA TIERRA 2

I

Este libro
terminó de imprimirse
en Barcelona
en enero de 2023